Princípios de drenagem linfática

Michael Földi   Roman H. K. Strößenreuther

Princípios de drenagem linfática

4ª edição

Título do original em alemão: *Grundlagen der manuellen Lymphdrainage, 4. Auflage*
ISBN da edição original: 978-3-437-45363-2
© 2007 Elsevier GmbH, Urban & Fischer Verlag, München

Este livro contempla as regras do Acordo Ortográfico da Língua Portuguesa de 1990,
que entrou em vigor no Brasil.

Tradução: Renate Müller

Revisão científica: Fátima Aparecida Caromano
    Professora Doutora do Curso de Fisioterapia da Universidade de São Paulo (USP)

Diagramação: Depto. editorial da Editora Manole

Capa: Eduardo Bertolini

Dados Internacionais de Catalogação na Publicação (CIP)
(Câmara Brasileira do Livro, SP, Brasil)

Földi, Michael
   Princípios de drenagem linfática / Michael
Földi, Roman H. K. Strößenreuther ; [traduzido
por Renate Müller ; revisão científica Fátima
Aparecida Caromano]. -- 4. ed. -- Barueri, SP :
Manole, 2012.

   Título original: Grundlagen der manuellen
Lymphdrainage.
   ISBN 978-85-204-3223-5

   1. Massagem 2. Sistema linfático – Fisiologia
I. Strößenreuther, Roman H. K. II. Título.

	CDD-616.42062
11-14105	NLM-WH 700

Índices para catálogo sistemático:
1. Drenagem linfática manual : Sistema linfático :
Terapias físicas : Medicina   616.42062

Todos os direitos reservados.
Nenhuma parte deste livro poderá ser reproduzida, por qualquer processo,
sem a permissão expressa dos editores.
É proibida a reprodução por xerox.
A Editora Manole é filiada à ABDR – Associação Brasileira de Direitos Reprográficos.

Edição brasileira – 2012

Direitos em língua portuguesa adquiridos pela:
Editora Manole Ltda.
Av. Ceci, 672 – Tamboré
06460-120 – Barueri – SP – Brasil
Fone: (11) 4196-6000
Fax: (11) 4196-6021
www.manole.com.br
info@manole.com.br

Impresso no Brasil
Printed in Brazil

Autores

Prof. Dr. med. Michael Földi, nascido em 1920, estudou medicina na Hungria, onde também completou o doutorado e foi diretor da II. Medizinischen Universitätsklinik em Szeged. Atualmente é professor APL na Universidade de Freiburg, Alemanha.

Nos tempos de estudante, envolveu-se intensivamente com a linfologia, a qual posteriormente passou a ser sua especialidade. Em 1986, fundou com a sua esposa a Földiklinik em Hinterzarten, na Alemanha. A clínica especializada em linfologia é atualmente dirigida pela Profa. Dra. Ethel Földi, sua esposa.

Em razão de seus excelentes trabalhos e inúmeras publicações, é reconhecido como o estudioso precursor da linfologia. Vários títulos de sócio emérito e outras condecorações de instituições nacionais e internacionais de linfologia atestam seu grande prestígio nessa área.

Dr. med. Roman H. K. Strößenreuther, nascido em 1959, qualificou-se como massoterapeuta entre 1981 e 1983. Atuou como terapeuta em drenagem linfática, professor assistente e como professor especializado na Földiklinik für Lymphologie e na Földischule, o instituto de ensino da Földiklinik. Também atuou em diversas clínicas e consultórios.

De 1990 a 1996, graduou-se em medicina em Munique e, em seguida, atuou em Gera e Freising como médico clínico-geral. Desde 1999, dirige a especialidade de linfangiologia do Klinikum Freising. Em 2001, recebeu o Helene-und Karl-Adam-Preis, prêmio conferido por suas pesquisas sobre o lipedema. Inúmeras contribuições em livros e sua afiliação a diversas associações profissionais especializadas atestam seu engajamento e credibilidade na área.

Prefácio

A presente obra já em sua quarta edição foi desenvolvida para estudantes e profissionais de fisioterapia, massoterapia e demais terapias manuais, dentre as quais também se encontra a drenagem linfática manual (DLM). Com este livro, os autores visam transmitir os fundamentos científicos e os princípios da técnica da DLM. A prática da fisioterapia complexa de drenagem (FCD), cujo componente fundamental é a DLM, assim como o estudo das doenças relacionadas, é ensinada na Alemanha em cursos especiais por profissionais e professores especializados, após a conclusão do curso de fisioterapia ou massoterapia, de acordo com diretrizes vigentes.

Essa formação propedêutica não qualifica os não profissionais a tratar os pacientes por meio de DLM; eles somente podem tratar leves distúrbios locais do fluxo da linfa como, por exemplo, edemas traumáticos.

Nas explicações dos fundamentos científicos da DLM, postulamos conhecimentos do sistema cardiocirculatório a partir da anatomia e histologia.

Os autores agradecem a Sra. Ines Mergenhagen e Sra. Petra Eichholz, editoras, assim como a Sra. Hildegard Graf, produtora, pelo trabalho feito para a realização desta edição.

Prof. Dr. med. Földi
Dr. med. R. H. K. Strößenreuther

Guia para utilização

A escolha dos temas deste livro foi baseada no programa da Associação de Fisioterapia da Alemanha e em suas diretrizes para os exames de qualificação de fisioterapeutas e massoterapeutas. Além da breve e fácil apresentação de cada área de especialidade, elaboramos alguns tópicos focados no aprendizado e na repetição:

- O texto é apresentado em linguagem clara e de fácil compreensão.
- Frases curtas e palavras-chaves na coluna lateral repetem ideias importantes do texto.
- As diversas figuras aumentam a capacidade de visualização e facilitam a compreensão de relações complexas.
- Questões para aprendizado e tarefas no final das seções auxiliam a verificar a compreensão do que foi lido. As respostas às questões são identificadas por algarismos no texto (por exemplo, ❶).
- Símbolos que se repetem na coluna lateral facilitam a orientação no texto:

Estas caixas contêm indicações particularmente importantes.	**Atenção** !
Destacam as indicações para o tratamento.	**Tratamento**
Indicam perguntas para aprendizado no final do capítulo.	**Questões** ?
Fornecem tarefas para aplicação e aprofundamento do aprendizado.	**Parte prática**

Lista de abreviações

PCS	Pressão no capilar sanguíneo
PUE	Pressão ultrafiltrante efetiva
PRE	Pressão de reabsorção efetiva
PI	Pressão intersticial
PCO_i	Pressão coloidosmótica no líquido tissular
PCO_p	Pressão coloidosmótica no plasma sanguíneo

Fontes das figuras

Os colchetes no final do texto das legendas indicam as fontes das figuras utilizadas.

C 155	Földi/Kubik (Hrsg.); *Lehrbuch der Lymphologie*, 3. Auflage, 1993, Gustav Fischer Verlag
C 157	Földi/Földi, *Das Lymphödem*; 6. Auflage, 1993, Gustav Fischer Verlag
L 111	PD Dr. O. Kretz, Freiburg
L 157	Susanne Adler, Lübeck
L 190	Gerda Raichle, Ulm
M 122	Dr. med. Roman H. K. Strößenreuther, Moosburg
M 124	Prof. Dr. med. Stefan Kubik, Zürich
M 150	Prof. Prof. h.c. Dr. Michael Földi, Hinterzarten
T 127	Prof. Dr. P. C. Scriba, München

Sumário

1   Anatomia do sistema vascular linfático 1
1.1   Sistema vascular linfático 1
1.2   Linfonodos e regiões linfáticas 7
1.3   Importantes grupos de linfonodos e suas regiões tributárias 12

2   Líquido tissular e linfa 15
2.1   Troca de líquidos entre sangue e tecidos 15
2.2   Circulação das moléculas de proteína 23

3   Formação da linfa e fluxo linfático: a drenagem linfática
       fisiológica 25
3.1   Formação da linfa 25
3.2   Transporte da linfa 29
3.3   Função de válvula de segurança do sistema vascular linfático 32

4   Insuficiência do sistema vascular linfático. 34
4.1   Insuficiência de alto volume ou insuficiência dinâmica 34
4.2   Insuficiência de baixo volume ou insuficiência mecânica 35
4.3   Insuficiência da válvula de segurança. 35

5   Efeito da massagem sobre a formação da linfa e
       motricidade do linfangion 38
5.1   Drenagem linfática manual e formação da linfa 38
5.2   Drenagem linfática manual e motricidade do linfangion 38

6   Princípios básicos da drenagem linfática manual. 40
6.1   Manobras 40
6.2   Execução da drenagem linfática manual 42
6.3   Indicações e contraindicações da drenagem linfática manual (DLM)
      e da fisioterapia complexa de drenagem (FCD) 44
6.4   Sequências de manobras para as diversas regiões a
      serem tratadas 45

7   Tratamento dos linfonodos do pescoço e suas regiões
       tributárias. 46
7.1   Princípios anatômicos. 46
7.2   Tratamento do pescoço e da região do ombro 48
7.3   Tratamento da região posterior da cabeça e da nuca 52

Princípios de drenagem linfática

7.4	Tratamento do rosto	54
7.5	Drenagem da região interna da boca	57
8	Tratamento dos linfonodos axilares e suas regiões tributárias	59
8.1	Princípios anatômicos	59
8.2	Tratamento da mama	60
8.3	Tratamento das costas	64
8.4	Tratamento dos membros superiores	68
9	Tratamento dos grandes troncos linfáticos na região abdominal	72
9.1	Princípios anatômicos	72
9.2	Tratamento profundo do abdome	72
9.3	Manobras substitutas para a drenagem abdominal profunda	76
10	Tratamento dos linfonodos inguinais e suas regiões tributárias	77
10.1	Princípios anatômicos	77
10.2	Tratamento dos linfonodos inguinais	79
10.3	Tratamento da parede abdominal	81
10.4	Tratamento das regiões inferior do tronco e inguinal – segmentos anterior e posterior	82
10.5	Tratamento dos membros inferiores	85
11	Fisioterapia complexa de drenagem (FCD)	90
11.1	Aspectos gerais	90
11.2	Modo de ação da terapia de compressão	90
11.3	Levantamento de sinais e sintomas	92
11.4	Outras medidas da fisioterapia no âmbito da FCD	97
	Índice remissivo	99

Anatomia do sistema vascular linfático

1

O sistema vascular linfático é um componente do **sistema linfático,** do qual também fazem parte outros órgãos linfáticos (timo, baço, tonsilas palatinas etc.). As principais funções dos vasos linfáticos são **drenagem e transporte de líquido tissular** e das substâncias nele contidas para a circulação sanguínea venosa.

Além disso, os vasos linfáticos do intestino delgado são responsáveis pela captação e pelo transporte das gorduras alimentares provenientes do intestino delgado. O sistema linfático também é um componente importante da defesa imunológica.

O objetivo da **drenagem linfática manual (DLM)** e da **fisioterapia complexa de drenagem (FCD)** é melhorar um fluxo linfático inadequado ou restabelecê-lo. Para utilizar esses métodos terapêuticos com sucesso, é importante conhecer bem a anatomia, a fisiologia e a fisiopatologia do sistema vascular linfático.

> *Funções importantes do sistema vascular linfático são, entre outras, drenagem e transporte de líquido tissular ou linfa.*

1.1 Sistema vascular linfático

O sistema vascular linfático é um sistema de drenagem. Ele transporta a linfa da periferia para a circulação venosa. Assim como nas veias, existem vasos linfáticos maiores, nos quais as válvulas asseguram um fluxo de líquido orientado.

❶ Apesar de os vasos linfáticos apresentarem um trajeto praticamente paralelo ao das veias, como uma composição de paredes similares, o sistema vascular sanguíneo e o sistema vascular linfático se diferenciam em alguns pontos importantes (ver Fig. 1.1):

- **Ausência de circulação fechada:** ao contrário da circulação sanguínea, os vasos linfáticos formam somente uma semicirculação. Eles começam na periferia, com os chamados vasos linfáticos iniciais (capilares linfáticos) e, finalmente, desembocam em grandes vasos da circulação venosa situados próximos ao coração.
- **Ausência de "bomba central":** no sistema vascular sanguíneo, o coração impulsiona a grande e a pequena circulação. Ele envia o sangue por meio das artérias até o leito capilar e por meio do sistema venoso de volta para o coração direito. No leito capilar, ocorre a troca de substâncias e o deslocamento de líquidos entre o sangue e os tecidos. Os vasos linfáticos, em contrapartida, transportam a linfa por meio de movimentos de bomba próprios e ativos (ver item 3.2).

> *Diferentes dos vasos sanguíneos, os vasos linfáticos:*
> - *não são componentes de um sistema circulatório fechado;*
> - *não possuem uma "bomba central" comparável ao coração;*
> - *são providos de linfonodos interligados.*

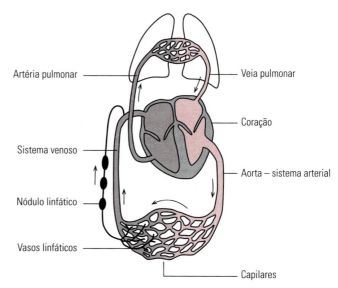

Figura 1.1 Circulação sanguínea e sistema vascular linfático. [C 155]

- **Não existe trajeto vascular contínuo:** no trajeto dos grandes vasos linfáticos encontram-se linfonodos interligados que funcionam como "estações de filtragem" (ver item 1.2).

! **Atenção** Assim como para o retorno de fluxo venoso, no transporte de linfa também existem mecanismos auxiliares, como respiração, bomba muscular e articular. A fisioterapia também pode ter efeito sobre eles.

---

❷ O sistema vascular linfático se divide em quatro trechos. Estes se diferenciam pelo tamanho dos vasos e por sua função: os **capilares linfáticos** servem para a drenagem do líquido tissular (formação da linfa), **coletores** e **troncos linfáticos** são vasos de transporte ativos. **Pré-coletores** assumem uma posição funcionalmente intermediária entre os capilares e coletores.

Capilares linfáticos (vasos linfáticos iniciais) (Fig. 3.2a)

Entre os capilares sanguíneos e linfáticos encontram-se os **canais pré-linfáticos**. Nesses canais de tecido conjuntivo o líquido flui preferencialmente para os vasos linfáticos iniciais.

Os **vasos linfáticos iniciais** formam um sistema vascular avalvular que recobre o corpo como se fosse uma rede fina. No tecido conjuntivo frouxo da pele e das mucosas, eles se encontram próximos aos capilares sanguíneos.

A rede dos vasos linfáticos iniciais não possui válvulas, de modo que a linfa pode fluir em todas as direções e, por isso, pode ser empurrada na direção desejada durante o tratamento fisioterapêutico. Enquanto os vasos capilares da circulação sanguínea frequentemente são tão estreitos (0,001 cm) que uma hemácia somente consegue passar por eles com dificuldade, o diâmetro dos capilares linfáticos é muito maior (até 100 μm).

Os capilares linfáticos consistem em células endoteliais e uma membrana basal, assim como os filamentos de ancoragem que nela se fixam. A sobreposição das células endoteliais (as escamas móveis) possibilita o influxo de líquido tissular, servindo assim à formação da linfa. Os vasos linfáticos iniciais frequentemente se formam como evaginações digitiformes no tecido, que podem se abrir ou se fechar dependendo da necessidade de líquido tissular (ver item 3.1).

Características principais dos capilares linfáticos:
- revestem todo o corpo como uma rede vascular desprovida de válvulas;
- não possuem válvulas no interior dos vasos;
- diâmetro maior que o dos capilares sanguíneos;
- consistem em células endoteliais, membrana basal e os chamados filamentos de ancoragem;
- escamas móveis possibilitam o influxo de líquido tissular (formação da linfa);
- formam-se como evaginações digitiformes no tecido.

Atenção!

❸ A mobilização livre da linfa dentro da rede capilar possibilita que o terapeuta desloque o excesso de líquido na direção desejada por meio de drenagem linfática manual.

Tratamento

Após, por exemplo, a remoção dos linfonodos inguinais, é possível que se forme um linfedema das pernas, da genitália externa e da porção correspondente do tronco. O líquido do edema é então deslocado por meio de manobras de drenagem para os canais pré-linfáticos e para a rede capilar avalvular de regiões vizinhas sadias (ver item 6.2).

Pré-coletores

Os pré-coletores estão ligados aos capilares linfáticos. Do ponto de vista funcional, esses vasos assumem uma posição intermediária entre capilares e coletores. Por um lado, possuem trechos nos quais é reabsorvido o líquido tissular – como nos vasos linfáticos iniciais. Por outro lado, também transportam linfa para os coletores: em muitas porções de parede encontramos algumas células musculares lisas isoladas e válvulas (ver item 3.2).

Pré-coletores assumem uma posição intermediária funcional entre os capilares linfáticos e coletores.

Coletores

Os coletores são os verdadeiros vasos de transporte de linfa e têm diâmetro de aproximadamente 0,1 a 2 mm. Assim como os vasos venosos, os coletores apresentam válvulas em suas paredes internas. Até a estrutura da parede dos vasos dos coletores se assemelha à das veias:

- **Túnica íntima** (camada interna): composta de células endoteliais e de uma membrana basal.
- **Túnica média** (camada média): composta de células musculares lisas.
- **Túnica externa** ou adventícia (camada externa): composta de tecido conjuntivo colagenoso frouxo.

As válvulas dos coletores estão predominantemente dispostas aos pares e funcionam de modo completamente passivo. Elas impedem o refluxo da linfa e garantem um fluxo linfático em direção ao centro (ver também Fig. 3.4). A distância entre duas válvulas é de três a dez vezes o diâmetro do vaso. Assim, dentro dos coletores encontra-se uma válvula a cada 0,6 a 2 cm; por sua vez, no grande ducto torácico (ver Fig. 1.2), encontra-se uma válvula a cada 6 a 10 cm.

O trecho entre as duas válvulas é denominado **linfangion**. Por meio da contração desse trecho, a linfa é impulsionada para a frente (ver item 3.2).

❹ Os coletores superficiais, profundos e viscerais são diferenciados de acordo com a posição que ocupam.

- Os **coletores superficiais** situam-se no tecido adiposo subcutâneo e drenam a pele e a hipoderme. Suas regiões de drenagem correspondem aproximadamente àquelas das veias cutâneas que têm um trajeto paralelo. Cada coletor apresenta um trajeto relativamente reto e encontram-se interligados por meio de numerosos ramos de anastomose. Por isso, quando um coletor é interrompido, a linfa pode ser facilmente conduzida para outro vaso linfático, impedindo assim uma estase (edema).
- Os **coletores profundos** das extremidades e do tronco, situados dentro da fáscia, geralmente têm um diâmetro um pouco maior que o dos vasos superficiais. Drenam os músculos, articulações e ligamentos correspondentes. Em geral, trafegam juntamente com artérias e veias profundas dentro de uma bainha vascular comum.
- Os **coletores viscerais** geralmente apresentam um trajeto paralelo ao das artérias dos órgãos correspondentes.

Assim como as veias, os coletores superficiais e profundos encontram-se ligados por meio dos **vasos perfurantes** (ligações transversais que perfuram as fáscias).

No entanto, diferentemente do que ocorre nas veias, o fluxo de líquido geralmente está dirigido da profundidade para a superfície. Assim, quando os vasos mais superficiais são tratados, ocorre automaticamente melhor esvaziamento dos vasos profundos (ação de sucção por meio do efeito de bomba de água).

Semelhanças entre coletores linfáticos e vasos sanguíneos venosos:
- estrutura de paredes em três camadas;
- válvulas dispostas aos pares e com função passiva (válvulas de bolsa).

Diferença entre coletores linfáticos e vasos sanguíneos venosos: a linfa é propulsionada por meio da contração dos linfangions, pois o sistema vascular linfático é somente uma semicirculação sem bomba central.

Classificação dos coletores de acordo com sua localização:
- coletores superficiais;
- coletores profundos;
- coletores viscerais.

⑤ Nos membros inferiores e superiores, os coletores apresentam um trajeto basicamente paralelo à superfície; nas articulações, o trajeto é protegido, situando-se mais distante da superfície (pele), na região flexora da articulação. No tronco existe um trajeto "em forma de estrela" em direção à axila e aos linfonodos inguinais.

Atenção !

Troncos linfáticos

Os maiores vasos linfáticos são denominados **troncos linfáticos**. Esses vasos linfáticos centrais recebem a linfa dos órgãos internos, das extremidades e das porções correspondentes do tronco (quadrantes do tronco). Eles desembocam na circulação sanguínea venosa, próximos ao coração.

Os maiores troncos linfáticos desembocam na circulação sanguínea venosa.

Troncos linfáticos da metade inferior do corpo

⑥ A linfa proveniente das extremidades inferiores e dos quadrantes correspondentes do tronco, assim como da maioria dos órgãos pélvicos, é recebida pelo **tronco lombar direito** e pelo **tronco lombar esquerdo**. Esses dois troncos linfáticos lombares, juntamente com o **tronco gastrintestinal**, unem-se formando o **ducto torácico**.

O ducto torácico, que tem aproximadamente 40 cm de comprimento, é o maior tronco linfático do corpo. Tem diâmetro entre 2 e 5 mm. Diferencia-se em uma porção abdominal, torácica e cervical. Na porção torácica também desembocam os vasos linfáticos intercostais.

A porção abdominal do ducto torácico começa com uma dilatação sacular de 3 a 8 cm de comprimento e 0,5 a 1,5 cm de largura, a **cisterna do quilo**. Esta situa-se abaixo do diafragma (aproximadamente na altura da vértebra lombar I), entre a região posterior do peritônio e a coluna vertebral (ver Fig. 1.2).

O tronco gastrintestinal transporta a linfa das vísceras intestinais. Em razão de seu teor de gordura após uma refeição, essa linfa intestinal de cor leitosa e turva confere o nome à cisterna do quilo: a linfa turva e leitosa do intestino delgado é denominada **quilo** (o termo cisterna significa reservatório de captação). Por causa de seu turvamento leitoso após uma refeição rica em gorduras, como também pelo seu trajeto anatômico, o ducto torácico recebe ainda o nome de ducto torácico leitoso.

Troncos linfáticos da metade superior do corpo

A linfa da metade superior do corpo é captada por três troncos linfáticos centrais situados à direita e à esquerda:

- **Tronco jugular** (drena os linfonodos da região da cabeça e do pescoço).
- **Tronco subclávio** (drena os linfonodos axilares e recebe a linfa dos quadrantes torácicos superiores, da glândula mamária e do braço).
- **Tronco broncomediastinal** (transporta, entre outras, a linfa dos brônquios, do pulmão e do mediastino).

Existem três troncos linfáticos para a linfa da metade superior do corpo (à direita e à esquerda):
- *tronco jugular;*
- *tronco subclávio;*
- *tronco broncomediastinal.*

Princípios de drenagem linfática

Do lado **direito**, esses três troncos linfáticos se unem formando um tronco terminal comum grosso e curto, o **ducto linfático direito**. Os três troncos linfáticos da metade **esquerda** do corpo desembocam no **ducto torácico**. (Ao longo deste livro não serão abordados detalhes das inúmeras variações anatômicas; ver detalhes Földi, M./Földi, E./Kubik, S. (Hrsg.): *Lehrbuch der Lymphologie für Mediziner, Masseure und Physiotherapeuten*. 6. Aufl. Elsevier, Urban&Fischer. München, 2005.)

> O local de junção da veia jugular interna e da veia subclávia é denominado ângulo venoso.

A **veia jugular interna** e a **veia subclávia** se juntam atrás da clavícula formando a grande **veia braquiocefálica**.

❼ O local de união das duas veias é denominado **ângulo venoso**. Nesse local, o ducto linfático direito e o ducto torácico desembocam no sistema venoso.

! Atenção A linfa proveniente da **metade inferior do corpo** ("tudo que estiver situado abaixo do diafragma"), assim como da **metade corporal superior esquerda**, é conduzida pelo ducto torácico para o ângulo venoso esquerdo. A **metade corporal superior direita** é drenada pelo ducto linfático direito para o **ângulo venoso direito**.

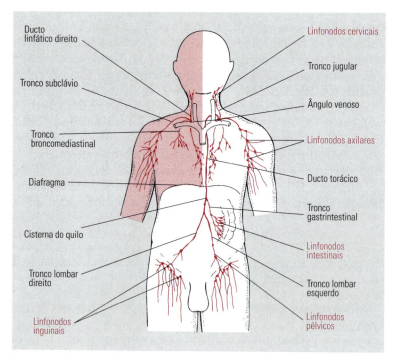

Figura 1.2 Troncos linfáticos mais importantes do corpo e suas regiões de drenagem. [L 190]

1 Anatomia do sistema vascular linfático

Questões ?

❶ O que diferencia o sistema vascular linfático do sistema vascular sanguíneo?

❷ Em que porções é dividido o sistema vascular linfático?

❸ Qual a importância terapêutica da rede capilar linfática avalvular no caso da formação de um edema?

❹ Quais os diferentes tipos de coletores existentes e onde estão situados? Como estão ligados entre si?

❺ Descreva o trajeto dos coletores nas extremidades e no tronco.

❻ Onde se unem os troncos linfáticos provenientes da metade inferior do corpo?

❼ Como são denominados os locais de desembocadura dos troncos linfáticos para dentro da circulação venosa?

1.2 Linfonodos e regiões linfáticas

O ser humano possui 600 a 700 linfonodos com um peso total de aproximadamente 100 g. Grande parte deles se encontra na região das vísceras abdominais. Na região da cabeça e do pescoço também são encontrados muitos linfonodos.

Estrutura e função dos linfonodos

Os linfonodos têm entre 2 e 30 mm de comprimento e seu formato geralmente é descrito como de feijão ou de rim. No interior de um nódulo envolvido por uma cápsula firme de tecido conjuntivo encontra-se uma rede de malha fina.

❶ Produtos de degradação do metabolismo, corpos estranhos e agentes patogênicos podem ser ali captados por diversas células. Os linfonodos funcionam como filtros; estão interconectados no sistema vascular linfático como "estações de limpeza" e aparecem em grupos ou como cadeias nodulares ao longo dos vasos sanguíneos.

Frequentemente são denominados de acordo com os vasos vizinhos. Por exemplo, os linfonodos ilíacos internos e externos (ver item 1.3) recebem seu nome das artérias ilíacas internas e externas. Portanto, a denominação dos linfonodos indica ao mesmo tempo sua localização.

❷ Como geralmente estão situados profundamente no tecido adiposo (por exemplo, na região da axila), em geral, os linfonodos não podem ser palpados. Linfonodos aumentados de tamanho e claramente palpáveis sempre são suspeitos. Frequentemente, o motivo do aumento de tamanho é somente um processo inflamatório na região de drenagem do nódulo; mas esse aumento de volume do linfonodo também pode ser uma indicação de doença maligna. Em pessoas magras e esportivas, no entanto, os linfonodos inguinais geralmente são bem palpáveis, pois nessa região, a fáscia da coxa forma uma base firme que impede que os linfonodos possam se deslocar para a profundidade quando palpados sob pressão. Na presença de problemas dentários também é possível palpar os linfonodos mandibulares, geralmente bastante dolorosos à pressão.

Características de um linfonodo:
- é considerado de fato um órgão, com suprimento sanguíneo e nervos próprios;
- formato de feijão;
- 2 a 30 mm de comprimento;
- cápsula firme de tecido conjuntivo;
- rede celular interna semelhante a um filtro.

Linfonodos atuam como estações de filtração.

Os linfonodos normalmente não são palpáveis.

> **! Atenção** — Na presença de linfonodos aumentados de tamanho, os terapeutas sempre devem entrar em contato com um médico.

Linfonodos têm mais vias linfáticas aferentes que eferentes.

Por meio de vários vasos aferentes, a linfa adentra a trama semelhante a um filtro no interior do nódulo. No hilo do nódulo, os vasos linfáticos eferentes deixam o linfonodo (ver Fig. 1.3). Seu número é bem inferior ao dos vasos linfáticos aferentes. O calibre total de todos os vasos eferentes é menor que o dos aferentes. O hilo também é o local de entrada para as veias e as artérias do nódulo linfático (ver também p. 31).

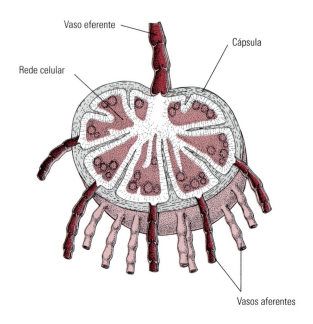

Figura 1.3 Linfonodos com vias linfáticas eferentes e aferentes. [L 190]

Regiões linfáticas

Cada linfonodo recebe linfa de uma determinada região tributária.

❸ Cada nódulo linfático é responsável pela linfa de uma determinada região. Essa região é denominada **região tributária ou região de captação** do linfonodo. Assim, os linfonodos axilares, por exemplo, são os **linfonodos regionais** responsáveis por membros superiores, glândula mamária e quadrantes superiores do tronco. O membro inferior, a genitália externa e os quadrantes inferiores do tronco pertencem à região tributária dos linfonodos inguinais. A linfa de várias regiões flui, finalmente, para linfonodos suprarregionais, os **linfonodos coletores**.

Achando-se um linfonodo aumentado de tamanho ou doloroso e conhecendo-se bem anatomia, é possível determinar o local de um possível processo inflamatório: por exemplo, um edema doloroso dos linfonodos mandibulares (ver item 1.3) pode indicar um dente molar infeccionado.

Os linfonodos também desempenham um papel na disseminação de doenças cancerosas: nos linfonodos regionais pode ocorrer o assentamento (metástases) de tumores malignos situados na região tributária (por exemplo, nos linfonodos axilares em casos de câncer de mama). Metástases também podem desviar de linfonodos regionais por meio de um *bypass* [desvio]. Elas chegam diretamente aos linfonodos coletores interpostos (ver Fig. 1.4).

Em um linfonodo podem se assentar agentes patológicos ou metástases provenientes de regiões tributárias.

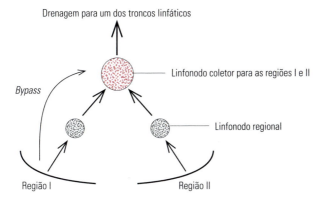

Figura 1.4 Representação esquemática da divisão regional do sistema vascular linfático em nódulos regionais e suprarregionais. [M 122]

É importante ressaltar que, apesar de os linfonodos serem definidos como grupos anatômicos isolados, por causa de sua ligação em série, similar à de elos de uma corrente, eles também podem desempenhar mais de uma tarefa: assim, os linfonodos inguinais, por exemplo, são linfonodos regionais da próstata ou do útero. Na presença de um carcinoma de próstata ou útero, é possível encontrar metástases nos linfonodos inguinais. Quando estes são removidos e/ou irradiados durante um tratamento de câncer, é possível que se forme um linfedema dos membros inferiores e dos quadrantes inferiores do tronco, já que os linfonodos regionais, responsáveis por essa região, não estão mais aptos a transportar a linfa para os linfonodos inguinais (linfonodos coletores supraordenados/interpostos).

Na drenagem linfática manual, as relações citadas são de grande importância. É possível entender que não faz sentido tratar os linfonodos inguinais quando se formou um edema no membro inferior em decorrência de uma retirada cirúrgica dos linfonodos pélvicos.

Tratamento

Divisores de águas linfáticos

As regiões tributárias são separadas umas das outras por divisores de águas linfáticos.

❹ As regiões tributárias dos grupos isolados de linfonodos são separadas umas das outras por zonas pobres em vasos linfáticos. Essas zonas são denominadas **divisores de águas linfáticos**. Esse conceito geográfico descreve de fato muito bem suas funções: os coletores do tronco se originam nesses divisores de águas como rios que nascem no topo de uma montanha, desembocando junto com outros coletores, tornando-se cada vez maiores.

Na região do tronco, os coletores apresentam um trajeto estrelado (radiado), partindo dos divisores de águas em direção aos linfonodos regionais, ou seja, para os linfonodos inguinais e axilares. Na altura do umbigo, assim como das clavículas, um divisor de águas apresenta um trajeto horizontal e outro vertical em direção ao eixo médio do corpo. Dessa maneira se formam quatro regiões linfáticas no tronco, que também são denominadas quadrantes (dois acima e dois abaixo do umbigo), assim como duas regiões na cabeça e no pescoço.

Divisores de águas linfáticos não são barreiras intransponíveis.

❺ Esses divisores de águas linfáticos, no entanto, não são barreiras intransponíveis entre os quadrantes isolados do tronco. Por um lado, a rede avalvular dos vasos linfáticos iniciais cobre todo o corpo (ver item 1.1) e assim estabelece pontes que atravessam essas linhas divisórias. Além disso, também há canais pré-linfáticos que fazem ponte sobre os divisores de águas linfáticos (ver item 1.1). Esses ligam os capilares sanguíneos e linfáticos entre si e apresentam um trajeto ao longo de fibras de tecido conjuntivo dentro dos tecidos.

Por outro lado, em pontos específicos dos grandes vasos linfáticos também são encontradas ligações com os coletores de regiões limítrofes. Os quadrantes superiores do tronco (região do tórax), por exemplo, estão ligados entre si ventralmente na região do esterno e dorsalmente entre as escápulas (ligações/anastomoses interaxilares, ver Fig. 1.5). Nas duas laterais do abdome (flancos) existem ligações entre a região de captação axilar e inguinal (anastomoses axiloinguinais).

1 Anatomia do sistema vascular linfático

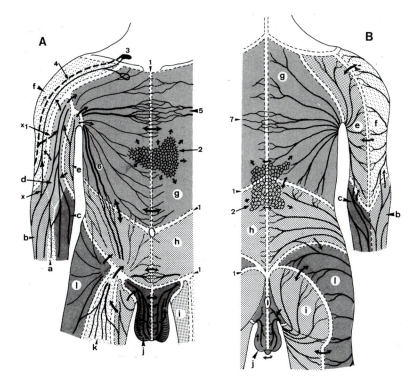

Figura 1.5 Regiões cutâneas ventral **(A)** e dorsal **(B)** do tronco com as regiões vizinhas das extremidades (as setas indicam os possíveis tecidos de drenagem após linfadenectomia).
1 Divisor de águas linfático nos limites regionais; **2** Rede vascular linfática cutânea; **3** Linfonodo supraclavicular; **4** Feixe lateral do braço (tipo longo: linha contínua; tipo curto: linha tracejada); **5** Vias interaxilares ventrais de anastomose; **6** Via de anastomose axiloinguinal; **7** Anastomoses interaxilares dorsais, **a** Região mediana do antebraço, **b** Região do feixe radial, **c** Região ulnar do antebraço, **d** Região mediana do braço, **e** Região dorsomedial do braço, **f** Região dorsolateral do braço com feixe deltoide, **g** Região superior do tronco, **h** Região inferior do tronco, **i** Região dorsomedial da coxa, **j** Região da genitália externa e do períneo, **k** Região do feixe ventromedial, **l** Região dorsolateral da coxa, **x**, **x₁** Ramos anastomóticos. [M 124]

Tratamento

❻ Quando é necessário remover os linfonodos axilares do lado afetado, durante um tratamento de câncer de mama, pode ocorrer um linfedema do membro superior correspondente e dos quadrantes do tronco. As cargas linfáticas formadas (ver itens 2.1 e 2.2) podem ser transportadas para regiões limítrofes com linfonodos intactos por meio de drenagem linfática manual, seja por meio da rede capilar e dos canais pré-linfáticos ou por meio de vasos de ligação/anastomoses. Neste exemplo, essas partes seriam as regiões dos nódulos linfáticos axilares contralaterais ou dos linfonodos inguinais do mesmo lado.

? Questões

❶ Quais são as funções dos linfonodos? Quantos linfonodos tem o ser humano e qual o tamanho deles?

❷ Por que a maioria dos linfonodos é impalpável?

❸ O que se entende por região tributária e o que é um linfonodo regional?

❹ O que é um "divisor de águas linfático"?

❺ Como a linfa é capaz de ultrapassar as linhas divisórias entre as regiões tributárias?

❻ Explique por que não faz sentido tratar os linfonodos inguinais na presença de um linfedema da perna em consequência de uma retirada cirúrgica dos linfonodos pélvicos.

Parte prática

a) Desenhe os divisores de águas linfáticos no seu parceiro e marque as regiões correspondentes e os linfonodos regionais.

b) Desenhe o trajeto dos coletores na região do tronco de seu parceiro.

1.3. Importantes grupos de linfonodos e suas regiões tributárias

Linfonodos	Regiões tributárias
Linfonodos axilares Linfonodos da axila (também podem ser subdivididos em diversos grupos)	Membro superior e cíngulo do membro superior, quadrante superior do tronco (pele, músculos torácicos), glândula mamária.
Linfonodos cubitais Linfonodos do cotovelo	Pele sobre a porção ulnar da mão e do antebraço; articulações, ligamentos, ossos e músculos do antebraço.
Linfonodos paraesternais Linfonodos situados ao lado (e abaixo) do esterno	Porções mediais da glândula mamária, parede torácica e porções superiores da parede abdominal, pleura, vasos linfáticos intercostais.
Linfonodos submentonianos Linfonodos situados sob o queixo (mento)	Região do queixo e lábio inferior (porção mediana), ponta da língua e porções anteriores da mucosa do assoalho da boca, dentes incisivos inferiores e a gengiva correspondente.
Linfonodos submandibulares Linfonodos situados abaixo da mandíbula	Dentes restantes e gengiva, corpo lingual e assoalho da boca com as glândulas salivares ali situadas, palato; pele e mucosas dos lábios e bochechas; nariz, "região das olheiras", terço medial da pálpebra e da conjuntiva.
Linfonodos occipitais Linfonodos da região posterior da cabeça	Região posterior da cabeça e porção superior da nuca; musculatura da nuca (também podem aumentar de tamanho com inflamação das tonsilas).

(continua)

Linfonodos	Regiões tributárias
Linfonodos retroauriculares Linfonodos situados atrás das orelhas	Superfície posterior do pavilhão auricular, pele sobre a glândula mastoide (em parte, também as células mastoides); pele na região do vértice ("região de colocação dos fones de ouvido").
Linfonodos pré-auriculares Linfonodos situados na frente da orelha	Superfície anterior do pavilhão auricular, pele da região da testa e das têmporas, porção externa das pálpebras e das conjuntivas.
Linfonodos parotídeos Linfonodos da glândula parótida	Conduto auditivo externo e cavidade timpânica, glândula parótida, ligações com os linfonodos pré- e retroauriculares.
Linfonodos cervicais superiores (laterais e anteriores) Linfonodos cervicais superiores (externos e anteriores)	Aferências de todos os linfonodos da cabeça e pescoço; existem linfonodos cervicais superficiais e linfonodos cervicais profundos.
Linfonodos supraclaviculares **Linfonodos cervicais inferiores** ("grande estacão central" ou "terminus", segundo Vodder) linfonodos situados acima da clavícula ou linfonodos cervicais inferiores	Linfonodos coletores para toda a região do pescoço e da cabeça; cíngulo do membro superior acima das clavículas e da articulação acromioclavicular, porções craniais da glândula mamária; tireoide, partes da traqueia e do esôfago. Nessa região, por meio de ligações transversais com os troncos linfáticos que desembocam no ângulo venoso, é possível o assentamento de metástases provenientes de "órgãos distantes", por exemplo, na região supraclavicular esquerda decorrente de câncer de estômago ("gânglio de Virchow").
Linfonodos lombares	Linfonodos coletores dos linfonodos ilíacos; testículos/ovários, fundo e corpo do útero, rins e suprarrenais. Drenagem por meio dos troncos lombares e dos linfonodos para-aórticos em direção à cisterna do quilo.
Linfonodos ilíacos externos e internos Linfonodos pélvicos externos e internos	Linfa dos linfonodos inguinais, bexiga. Linfonodos coletores para os órgãos pélvicos (próstata, ducto deferente e vesículas seminais, útero, porções superiores da vagina – as regiões de captação dos linfonodos ilíacos internos e externos não podem ser delimitadas com precisão).
Linfonodos ilíacos comuns	Linfonodos coletores para os linfonodos ilíacos internos e externos; parede pélvica, musculatura dos glúteos; também são linfonodos coletores para os órgãos pélvicos.
Linfonodos inguinais superficiais	Pele e subcutâneo da metade inferior do corpo (abaixo do umbigo ou do divisor de águas transversal inferior), genitália externa, regiões inguinal, inferior do tronco e dos glúteos, períneo.
Linfonodos inguinais profundos Linfonodos inguinais profundos (podem ser subdivididos em trato horizontal e trato vertical, o chamado "linfonodo inguinal em T")	Linfa proveniente dos linfonodos inguinais superficiais, músculos, articulações, ligamentos, fáscias e periósteo das pernas, linfa proveniente dos linfonodos poplíteos; terço inferior da vagina, ângulo tubário do útero (através do ligamento redondo do útero).
Linfonodos poplíteos Linfonodos da região posterior do joelho	Feixe dorsolateral do pé e do membro inferior, região do joelho (e também a articulação do joelho), camadas profundas do pé e da perna.

Princípios de drenagem linfática

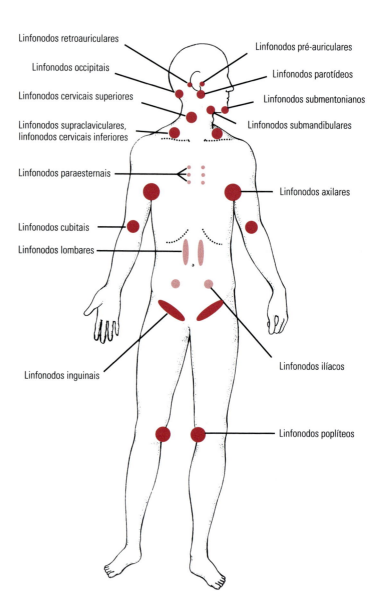

Figura 1.6 Localização dos grupos mais importantes de linfonodos. [L 190]

Líquido tissular e linfa 2

A linfa se origina nos capilares linfáticos a partir do líquido intersticial ("líquido tissular"). O líquido interstcial se encontra no interstício (tecido situado entre as células).

A linfa é formada a partir do líquido tissular.

2.1 Troca de líquidos entre sangue e tecidos

O sentido da circulação sanguínea tem origem nos processos que ocorrem na região dos capilares sanguíneos. Ali ocorre a irrigação dos tecidos com nutrientes e de lá são transportadas as sobras do metabolismo. A troca de líquidos entre os capilares sanguíneos e os tecidos se dá por dois mecanismos distintos. Para compreender a função e a importância do sistema vascular linfático, é necessário conhecer inicialmente esses dois processos de troca de líquidos.

Difusão

A parede dos capilares sanguíneos é **amplamente permeável** à água e às pequenas moléculas dissolvidas na água, como sais e gases, de modo que haja constante **equilíbrio de concentração** entre o sangue e os tecidos. Tais substâncias migram de um local de concentração mais alta para um local de concentração mais baixa. Essa diferença de concentração é denominada **gradiente de concentração**. Água e substâncias hidrossolúveis se **difundem** dessa maneira na totalidade da superfície capilar sanguínea através de fendas situadas entre as células endoteliais (junções interendoteliais). Substâncias lipossolúveis penetram as próprias células endoteliais.

Difusão: substâncias migram através da parede do capilar sanguíneo ao longo de um gradiente de concentração.

No entanto, a difusão não flui totalmente livre de impedimentos pela parede do capilar sanguíneo. Apesar de a parede do capilar sanguíneo ser permeável à água e a substâncias hidrossolúveis, ela dificulta um pouco a passagem das partículas isoladas, porque estas, ao se moverem de um lado para o outro, batem contra a parede e chocam-se umas nas outras antes de atravessarem uma junção.

Por meio da "**difusão dificultada**", escoam por minuto de toda a rede capilar sanguínea cerca de 240 litros de água do sangue com pequenas moléculas dissolvidas, adentrando o interstício. A mesma quantidade de água se difunde do interstício de volta para dentro dos capilares sanguíneos.

> Osmose (caso especial da difusão): uma membrana semipermeável permite a difusão da água e impede a difusão das moléculas maiores. A pressão osmótica é originada pelo equilíbrio das concentrações.

Osmose e pressão osmótica

Um recipiente é subdividido por uma membrana **semipermeável** e preenchido com a mesma quantidade de água em um lado e uma solução aquosa de açúcar do outro. A membrana é completamente permeável a moléculas de água, mas impermeável a moléculas maiores de açúcar. Depois de certo tempo, o nível de água na parte que contém a solução de açúcar aumenta. Isso ocorre porque as moléculas de água da parte do recipiente que contém água (na qual a concentração de água é mais alta) se difundem para a parte do recipiente que contém a solução de açúcar; ali, a concentração de água é mais baixa. As moléculas de açúcar, por sua vez, não conseguem sair da parte do recipiente que os contém (ver Fig. 2.1).

Tal difusão de "mão única", na qual troca de substâncias ocorre somente em uma direção, é denominada **osmose**.

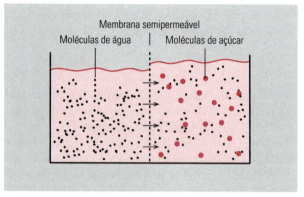

Figura 2.1 Difusão das moléculas de água ao longo de um gradiente de concentração durante a osmose. O teor de moléculas de água na parte direita do recipiente aumenta à medida que o nível de água sobe. Como as grandes moléculas de açúcar não conseguem ultrapassar a membrana semipermeável, é impossível que ocorra uma compensação do gradiente de concentração do açúcar da direita para a esquerda. [L 157]

! Atenção Pode-se imaginar que na osmose, as moléculas de açúcar se comportam frente às moléculas de água tal como um ímã se comporta em relação a partículas de metal.

O aumento da quantidade de líquido naturalmente eleva a pressão de fundo exercida pelo líquido contido na parte do recipiente com solução de açúcar. Essa pressão, determinada pela concentração das moléculas de açúcar na solução aquosa, é denominada **pressão osmótica**. Quanto mais moléculas (de açúcar) houver na solução, mais água será puxada para dentro do recipiente – e maior será a pressão osmótica.

Coloidosmose e pressão coloidosmótica

❶ 100 mL de plasma sanguíneo contêm cerca de 7 g de proteína. As moléculas de proteína são "gigantes", por isso são chamadas "**macromoléculas**" ou "**coloides**". Divide-se um recipiente com uma membrana semipermeável, que seja completamente permeável a moléculas de água, mas completamente impermeável a moléculas gigantes de proteína. Se colocarmos água em uma das metades do recipiente e plasma sanguíneo na outra metade, ocorre a chamada **coloidosmose**. Naturalmente, ali também se forma a pressão osmótica, ou melhor, **pressão coloidosmótica** (ver Fig. 2.2).

Coloidosmose: uma membrana semipermeável permite a difusão da água, mas impede a difusão de moléculas gigantes, o que dá origem a uma pressão coloidosmótica ou sucção.

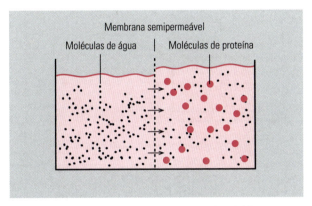

Figura 2.2 Coloidosmose e pressão coloidosmótica. Na coloidosmose, as moléculas de proteína se comportam frente às moléculas de água de modo semelhante a um ímã em relação a partículas de metal.

Ultrafiltração

❷ É possível superar a pressão coloidosmótica com a pressão mecânica. Assim, no plasma sanguíneo pode-se separar a água contida no sangue das moléculas de proteína, forçando a água a atravessar uma membrana semipermeável quando a pressão utilizada é maior que a força de aderência da água às moléculas proteicas.

Dentro de uma garrafa de pressão é colocado um "ultrafiltro", ou seja, uma membrana semipermeável que não é permeável a moléculas de proteína, e sim livremente permeável à água. No filtro é colocado plasma sanguíneo. Quando, através de um pistão de pressão, é exercida uma pressão mecânica sobre o plasma sanguíneo e a pressão for superior à pressão coloidosmótica das moléculas de proteína, a água livre de proteínas atravessa o ultrafiltro e pinga dentro da garrafa. Esse processo é denominado **ultrafiltração** (ver Fig. 2.3). Em vez de usar um pistão de pressão, também pode ser formado um "vácuo" dentro da garrafa.

Na ultrafiltração, a pressão coloidosmótica é vencida pela pressão mecânica.

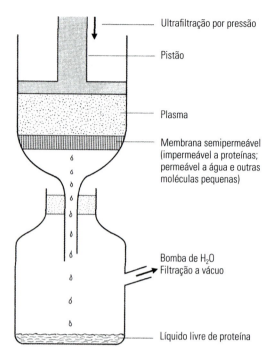

Figura 2.3 Ultrafiltração por pressão e ultrafiltração a vácuo. [M 150]

! Atenção Para a ultrafiltração é necessário empregar forças mecânicas capazes de vencer a pressão coloidosmótica (ou imprimir força de sucção).

Ultrafiltração a partir dos capilares sanguíneos para dentro do interstício e reabsorção a partir do interstício para dentro dos capilares sanguíneos: a teoria de Starling

A pressão no capilar sanguíneo é a força motriz para a ultrafiltração de líquidos a partir dos capilares sanguíneos para dentro dos tecidos.

❸ A parede dos capilares sanguíneos é apenas permeável em pequenas proporções para as moléculas proteicas gigantes: algumas difundem para o líquido intersticial, algumas são encontradas no ultrafiltrado. Em princípio, a parede capilar sanguínea corresponde a uma **membrana de ultrafiltro semipermeável**.

Os capilares sanguíneos são normalmente subdivididos em uma parte venosa e outra arterial: a parte arterial vai do início do capilar sanguíneo até sua metade, a parte venosa vai da metade do capilar até seu término. Como a pressão no capilar sanguíneo (PCS) cai continuamente de seu começo até o final, a pressão média no capilar sanguíneo na parte arterial é maior que na parte venosa.

A **parte arterial** corresponde a uma garrafa de pressão; o papel do pistão de pressão é desempenhado pela pressão no capilar sanguíneo existente. Essa pressão vence a pressão coloidosmótica das moléculas de proteína do plasma sanguíneo, e um líquido *praticamente* livre de proteína passa por uma ultrafiltração, saindo dos capilares sanguíneos para dentro do interstício. Um fator complicador é o fato de a pressão intersticial (PI) não ser igual a zero. Se a PI for um pouco maior que zero, ou seja, positiva, a situação é como se na garrafa, e com um ramo colateral fechado, existisse uma pressão do ar um pouco acima da pressão atmosférica. Se a PI for um pouco inferior a zero, ou seja, negativa, a situação corresponde a uma garrafa com pressão subatmosférica. No primeiro caso, a pressão do pistão deve ser um pouco mais alta que a pressão atmosférica dentro da garrafa. No segundo caso, a ultrafiltração é possível quando a pressão do pistão é um pouco mais baixa.

Por esse motivo, não só a pressão no capilar sanguíneo (PCS) é responsável pela ultrafiltração na parte arterial dos capilares sanguíneos, mas também a "**pressão ultrafiltrante efetiva**" (PUE).

Essa pressão pode ser calculada subtraindo-se a pressão tissular da pressão no capilar sanguíneo:

> PCS – PI = pressão ultrafiltrante efetiva.

$$PUE = PCS - PI$$

Quando PI é subatmosférica:

$$PUE = PCS - (-PI)$$
$$= PCS + PI$$

Como algumas moléculas de proteína conseguem chegar ao interstício por meio de difusão, juntamente com a água do sangue, o líquido tissular sempre contém moléculas de proteínas do plasma: certamente a concentração de proteínas no líquido tissular é bem mais baixa que a concentração de proteínas no plasma. Isso significa que uma pressão coloidosmótica (PCO_p) existe não somente no plasma, como também no líquido tissular – mesmo que consideravelmente mais baixa (PCO_i).

> A pressão coloidosmótica no interstício é mais baixa que no sangue.

A PCO_p tenta manter a água dentro dos capilares sanguíneos e tenta levar o líquido tissular de volta à corrente sanguínea (= **reabsorção**). A PCO_i, por sua vez, mantém o líquido tissular preso e, se pudesse, ainda tiraria adicionalmente água do sangue dos capilares. Porém, como a PCO_p é mais alta que a PCO_i, a "**pressão de reabsorção efetiva**" (PRE) é a ganhadora nessa competição.

> Reabsorção: reentrada de líquido nos capilares sanguíneos. O líquido é reabsorvido na parte venosa do capilar.

$$PRE = PCO_p - PCO_i$$

> PCO_p - PCO_i = pressão de reabsorção efetiva.

❹ Como na parte arterial a pressão no capilar sanguíneo é mais alta que na parte venosa, na parte arterial a pressão ultrafiltrante efetiva também é mais alta que a pressão de reabsorção efetiva: ocorre a mencionada ultrafiltração. Na parte venosa, a situação é inversa. Ali, a pressão de reabsorção efetiva é maior que a pressão ultrafiltrante efetiva; nesse caso ocorre a reabsorção, ou seja, o líquido tissular é reabsorvido para dentro dos capilares (ver Fig. 2.4).

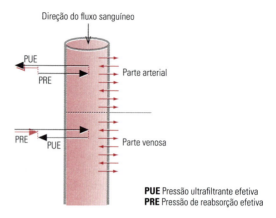

Figura 2.4 Na parte arterial dos capilares sanguíneos, a pressão ultrafiltrante efetiva (PUE) é mais alta que a pressão de reabsorção efetiva (PRE). Se projetarmos o vetor que representa a PRE sobre o vetor que representa a PUE, fica sobrando um vetor indicando o lúmen capilar para fora, em direção ao interstício: ocorre uma **ultrafiltração**. Na parte venosa, a pressão de reabsorção efetiva é mais alta que a pressão ultrafiltrante efetiva. Se o vetor que representa PUE é projetado sobre o vetor PRE, sobra um vetor que parte do interstício em direção ao lúmen dos capilares: ocorre uma **reabsorção**. As setas do lado direito dos capilares simbolizam a difusão nas partes venosa e arterial, em ambas as direções. [L 190]

Ultrafiltrado bruto e ultrafiltrado líquido

O ultrafiltrado líquido é a parte do líquido ultrafiltrado que não é reabsorvida. Ele precisa ser levado dos tecidos por meio dos vasos linfáticos.

Toda a rede capilar sanguínea transporta por minuto 20 mL de água do sangue. Essa quantidade de líquido é denominada de **ultrafiltrado bruto**. Ultrafiltração e reabsorção não se compensam mutuamente de maneira completa; somente cerca de 90% do ultrafiltrado bruto é reabsorvido.

❺ O líquido ultrafiltrado não reabsorvido (10% do total) é conhecido como **ultrafiltrado líquido**. O ultrafiltrado líquido deve ser transportado pelos vasos linfáticos, formando assim a **carga hídrica de transporte linfático obrigatório** (ver Fig. 2.5).

> O ultrafiltrado bruto é a totalidade de líquido ultrafiltrado do sangue.

> O ultrafiltrado líquido é a parte do líquido ultrafiltrado que não é reabsorvida. Ele precisa ser levado dos tecidos por meio dos vasos linfáticos.

! Atenção — O ultrafiltrado líquido corresponde à diferença do ultrafiltrado bruto e do líquido reabsorvido.

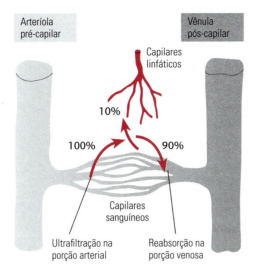

Figura 2.5 Ultrafiltração na porção capilar arterial e reabsorção na porção capilar venosa. [L 190]

Em comparação com a "água de difusão" de 240.000 mL/min, a "água do ultrafiltrado", de somente 20 mL/min, é extremamente pouca. Porém, a água de difusão é irrelevante para a formação da linfa, assim como para a problemática da drenagem linfática manual. Para a drenagem linfática manual são relevantes os estados que se fazem acompanhar de um aumento de formação do ultrafiltrado líquido em uma unidade de tempo.

Para fisioterapeutas e massoterapeutas, as alterações patológicas importantes são aquelas acompanhadas de **aumento do ultrafiltrado líquido produzido em uma unidade de tempo**. Isso ocorre quando:

- a pressão ultrafiltrante efetiva (PCS – PI) aumenta;
- a pressão de reabsorção efetiva cai (PCO_p – PCO_i);
- a pressão ultrafiltrante efetiva (PCS – PI) aumenta e concomintantemente a pressão de reabsorção efetiva (PCO_p – PCO_i) cai.

❻ A pressão ultrafiltrante efetiva (PCS – PI) aumenta quando:
- a PCS aumenta;
- a PI cai;
- a PCS aumenta e concomitantemente a PI cai.

❼ A pressão de reabsorção efetiva cai quando:
- a PCO_p cai;
- a PCO_i aumenta e, concomitantemente,
- a PCO_p cai e a PCO_i aumenta.

Estados correspondentes para o aumento do ultrafiltrado líquido são:
- a PCS aumenta no caso de uma **estase venosa** (hiperemia passiva, ver Fig. 2.6) e durante uma **hiperemia ativa**, provocada por uma inflamação aguda e aquecimento do corpo decorrente, por exemplo,

O ultrafiltrado líquido se torna maior quando:
- a PCS aumenta;
- a PI cai;
- a PCO_i aumenta;
- a PCO_p cai.

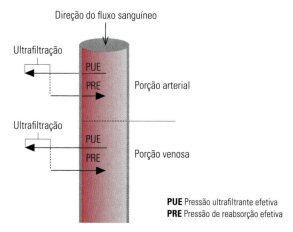

Figura 2.6 Distúrbio do equilíbrio de Starling na estase venosa. Com o aumento da pressão no capilar sanguíneo em decorrência da hiperemia passiva, a pressão ultrafiltrante efetiva também é mais alta na porção venosa dos capilares sanguíneos que a pressão de reabsorção efetiva: na totalidade do capilar ocorre a ultrafiltração; uma reabsorção não ocorre. [L 190]

de aplicação de compressa de lama medicinal ou manobras firmes de massagem;
- a PI cai no caso de caquexia (emagrecimento acentuado) e inflamação aguda;
- a PCO_p cai com grandes perdas de proteínas pelo plasma por meio da urina, por exemplo, em determinadas doenças renais ou por meio das fezes, na chamada "enteropatia com perda proteica". A PCO_p também cai no caso de uma formação deficitária de proteínas plasmáticas, por exemplo, em certas doenças hepáticas;
- a PCO_i aumenta nas doenças dos vasos linfáticos, assim como no aumento patológico da permeabilidade da via de fluxo terminal para proteínas plasmáticas, por exemplo, nas inflamações agudas (ver item 2.2).

É preciso reforçar que a PCS, a PI, a PCO_p e a PCO_i são **pressões** e o ultrafiltrado líquido, por sua vez, é um **volume por unidade de tempo**, por exemplo, mL/min. A transformação de pressão em volume por unidade de tempo se dá por meio de multiplicação com o chamado "coeficiente de filtração capilar". Isso significa que, além dos fatores supracitados, um aumento do coeficiente de filtração capilar também leva a um aumento do ultrafiltrado líquido. Isso ocorre, por exemplo, em uma inflamação aguda.

! **Atenção** Na presença de uma inflamação aguda, o coeficiente de filtração capilar, a pressão no capilar sanguíneo e a permeabilidade dos capilares sanguíneos e das vênulas pós-capilares para as moléculas de proteína aumentam. A pressão coloidosmótica no líquido tissular aumenta e a pressão intersticial diminui. A consequência é um aumento do ultrafiltrado líquido produzido por unidade de tempo.

Questões

❶ O que se entende pelo termo pressão coloidosmótica?

❷ Como a pressão no capilar sanguíneo influencia a ultrafiltração?

❸ Quais forças de pressão são significativas para a reabsorção?

❹ Por que na parte arterial ocorre normalmente a ultrafiltração de água e na parte venosa ela é reabsorvida?

❺ O que se entende pelo termo ultrafiltrado líquido?

❻ O que causa o aumento da pressão ultrafiltrante efetiva?

❼ Quais os processos que levam à redução da pressão de reabsorção efetiva?

2.2 Circulação das moléculas de proteína

Saída das moléculas de proteína dos capilares sanguíneos e das vênulas pós-capilares

A parede dos capilares não é completamente permeável às moléculas de proteínas plasmáticas (ver item 2.1): algumas moléculas proteicas chegam ao tecido juntamente do ultrafiltrado. Além disso, as moléculas proteicas saem constantemente da via sanguínea por meio da difusão. As vênulas pós-capilares são mais permeáveis à proteína que os capilares sanguíneos.

❶ A saída fisiológica da proteína do sangue para os tecidos tem grande importância, em decorrência, entre outras coisas, da **função de veículo** do corpo proteico do plasma sanguíneo: as proteínas plasmáticas servem como meio de transporte para um grande número de substâncias vitais para o organismo. Essas substâncias estão ligadas a moléculas de proteína e migram com elas para fora da corrente sanguínea em direção às células corporais.

> Moléculas de proteína servem como veículo para substâncias vitais para o organismo.

❷ Em todo caso, existem consideravelmente menos proteínas plasmáticas no líquido tissular que no sangue. Por isso, as moléculas de proteína não conseguem se difundir de volta para a corrente sanguínea: a difusão ocorre sempre de um local no qual a concentração da molécula é mais alta para um local em que a concentração é mais baixa. Uma difusão nunca pode ocorrer "morro acima", ou seja, contra o gradiente de concentração. Uma "migração morro acima" de moléculas requer energia (ver item 2.1), mas não existe nenhuma glândula que possa enviar, de modo ativo, as proteínas plasmáticas de volta para os capilares.

> Moléculas de proteína que se encontram no interstício não conseguem se difundir de volta para a corrente sanguínea.

Transporte retrógrado das moléculas de proteína a partir dos tecidos

❸ É importante que as moléculas de proteína saiam do interstício e retornem à corrente sanguínea. No decorrer de 24 horas, mais da metade da massa proteica existente deixa a corrente sanguínea. Se essas moléculas não retornassem à circulação sanguínea, haveria consequências catastróficas: a concentração de proteínas plasmáticas e a pressão coloidosmótica no sangue (PCO_p) cairiam, e a pressão coloidosmótica no lí-

> O transporte retrógrado das moléculas de proteína é a tarefa mais importante do sistema vascular linfático.

quido tissular (PCO$_i$) aumentaria acentuadamente. Com isso, em todo o corpo não haveria uma pressão de reabsorção efetiva (PCO$_p$ – PCO$_i$), de modo que a água do sangue poderia sair da corrente sanguínea, permanecendo no interstício. Isso levaria a um **choque hipovolêmico mortal**.

Como um retorno das proteínas plasmáticas para a corrente sanguínea por meio de difusão não é possível, elas precisam retornar ao sangue por outra via. Essa é a função mais importante do sistema vascular linfático. Com o ultrafiltrado líquido, ou seja, com a carga hídrica de transporte linfático obrigatório, o sistema vascular linfático capta as moléculas proteicas, transportando-as de volta à corrente sanguínea venosa (ver item 1.1). Logo, as proteínas plasmáticas circulam entre a corrente sanguínea, o interstício, o sistema vascular linfático e a corrente sanguínea (ver Fig. 2.7), formando uma carga proteica que obrigatoriamente passa pela linfa. Hormônios à base de proteínas, proteínas injetadas pelo médico para dentro de tecidos, assim como as proteínas oriundas das células também são cargas proteicas de transporte linfático obrigatório.

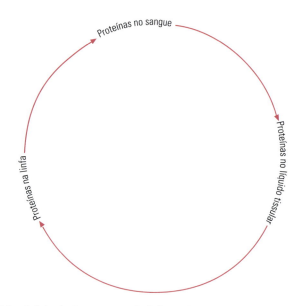

Figura 2.7 A "circulação extravascular" das moléculas de proteína do plasma sanguíneo.

? Questões

① No que consiste a "circulação extravascular" das moléculas de proteína do plasma sanguíneo?

② Por que as proteínas plasmáticas não retornam diretamente para os capilares sanguíneos?

③ Por que as proteínas plasmáticas precisam ser transportadas de volta ao sangue? O que aconteceria se as proteínas plasmáticas deixassem a corrente sanguínea e permanecessem no interstício?

Formação da linfa e fluxo linfático: a drenagem linfática fisiológica 3

3.1 Formação da linfa

Formação da linfa no tecido cutâneo

❶ O líquido tissular, originado pela ultrafiltração líquida, também é transformado em linfa nos capilares linfáticos. A estrutura da parede dos vasos linfáticos iniciais (ver Fig. 3.2a) se diferencia consideravelmente da estrutura dos capilares sanguíneos: as células endoteliais da parede dos capilares estão situadas lado a lado, assentadas sobre uma membrana basal externa firme. Sobre a membrana basal, encontram-se os pericitos. Entre as células endoteliais existem fendas (os chamados poros ou junções) (ver Fig. 3.1).

As células endoteliais dos vasos linfáticos iniciais **se sobrepõem** como se fossem telhas. As partes sobrepostas são móveis e, por isso, são denominadas **escamas móveis**. Essas sobreposições são fixadas no interstício por meio de fibras elásticas finas, os chamados **filamentos de ancoragem**. A camada externa da parede dos vasos linfáticos consiste somente em um **tecido fibroso frouxo** semelhante ao feltro. Não há pericitos (ver Fig. 3.2a).

Estrutura dos capilares sanguíneos:
- Internamente: células endoteliais dispostas lado a lado;
- Externamente: membrana basal firme e pericitos.

Estrutura dos capilares linfáticos:
- Internamente: células endoteliais com sobreposições semelhantes a telhas, "escamas móveis" e filamentos de ancoragem;
- Externamente: tecido fibroso semelhante ao feltro em vez de uma membrana basal; ausência de pericitos.

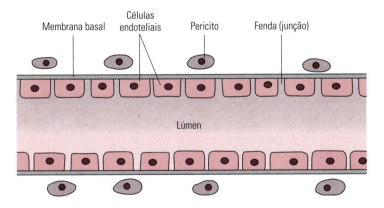

Figura 3.1 Estrutura dos capilares sanguíneos: internamente há células endoteliais dispostas lado a lado; externamente existe uma membrana basal firme e pericitos. [L 190]

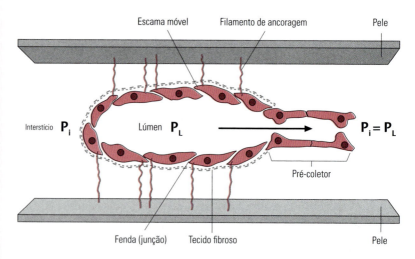

Figura 3.2a Esquema de um vaso linfático inicial em estado de repouso. O revestimento da parede interna consiste em uma camada de células endoteliais com sobreposições semelhantes a telhas. Os filamentos de ancoragem estão presos à estrutura fibrosa do interstício. A pressão intersticial (P_i) é igual à pressão linfática (P_L). [L 190]

Fase de enchimento (ver Fig. 3.2b)

As escamas móveis são retiradas uma de cima das outras.

Quando ocorre um acúmulo de líquido no interstício, a pressão tissular aumenta e o tecido se alonga. Os filamentos de ancoragem ficam tensos e tracionam a escama móvel para cima. As fendas situadas entre as células endoteliais se transformam em canais largos e abertos, as chamadas "válvulas de entrada". O líquido tissular flui através dos canais para dentro do vaso linfático inicial, onde a pressão é inferior à pressão tissular, nesse momento. Enquanto o vaso linfático inicial se enche, sua pressão linfática aumenta lentamente. (Ao final da fase de enchimento, com o interstício em fase de esvaziamento, a pressão linfática no vaso linfático inicial se torna maior que a pressão tissular.)

Fase de esvaziamento (ver Fig. 3.2c)

Enquanto a pressão tissular for mais alta que a pressão dos capilares linfáticos, o líquido tissular flui para dentro dos capilares linfáticos. Com isso, a tensão tissular nos interstícios cai. Além disso, o estiramento das fibras elásticas ativa as forças de restauração: os filamentos de ancoragem relaxam de modo semelhante a um elástico fixado em um dos lados, em cuja extremidade livre está um peso que, uma vez retirado, faz com que o elástico volte rapidamente ao seu comprimento inicial. O relaxamento dos filamentos de ancoragem faz com que as escamas móveis desçam e as válvulas de entrada se fechem. Agora, a pressão linfática é mais alta que a pressão intersticial. Movimentos do corpo, por exemplo, uma pressão decorrente de contração muscular ou uma manobra da drenagem linfática manual são suficientes para deixar a linfa fluir dos capilares linfáticos para os pré-coletores. Ao mesmo tempo, uma parte da água linfática pode deixar os capilares linfáticos por meio de ultrafiltração, voltando ao interstício. Moléculas de proteína são retidas. Com isso, a concentração de proteínas da linfa fica mais alta que a concentração proteica do líquido tissular (ver item 2.1). Além disso, corpos estranhos ou agentes

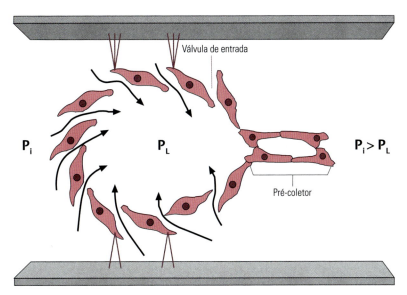

Figura 3.2b Fase de enchimento.
O conteúdo líquido do interstício aumenta; a pressão tissular P_i aumenta, tornando-se maior que a pressão linfática (P_L) dentro dos capilares linfáticos. O interstício se distende. Como os filamentos de ancoragem estão presos à estrutura fibrosa do interstício e às escamas móveis das células endoteliais dos capilares linfáticos, essas escamas são tracionadas para cima: as válvulas de entrada se abrem; o capilar linfático está fechado na direção do pré-coletor. O líquido tissular flui para dentro dos capilares linfáticos. [M 150]

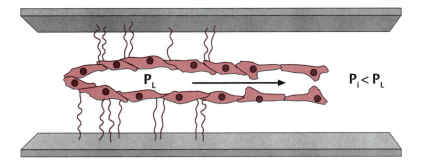

Figura 3.2c Fase de esvaziamento.
O conteúdo líquido do interstício cai; a pressão tissular P_i fica mais baixa que a pressão linfática (P_L). O tecido elástico volta ao seu lugar. As válvulas de entrada se fecham. A linfa entra no pré-coletor. No interstício, uma parte da água da linfa é ultrafiltrada para fora dos capilares linfáticos: a linfa é mais concentrada que o líquido tissular. [M 150]
A composição da linfa pré-nodal é diferente do líquido tissular.

> A composição da linfa pré-nodal é diferente da composição do líquido tissular.
>
> Para uma formação mais intensiva da linfa são necessárias tensões tissulares que se alternam constantemente.
>
> Sístole e diástole da arteríola pré-capilar atuam diretamente sobre a formação da linfa.

patológicos podem ser retidos e fagocitados (captados) pelas células endoteliais das paredes dos capilares linfáticos.

Portanto, a linfa dos vasos linfáticos aferentes (**linfa pré-nodal**) não é idêntica ao líquido tissular.

❷ Para uma formação mais intensiva de linfa são necessárias alterações repetidas da pressão intersticial. O repouso corporal reduz a formação da linfa. A tensão tissular – e com isso a pressão tissular – deve mudar constantemente para bombear o líquido para dentro dos capilares linfáticos. Tais alterações de tensão se formam, por exemplo, durante a corrida. A drenagem linfática manual também promove essas alterações periódicas de pressão.

Formação da linfa na musculatura

❸ Na musculatura, as arteríolas pré-capilares e os vasos linfáticos iniciais estão situados entre os feixes musculares. Os filamentos de ancoragem das células capilares linfáticas e das células endoteliais estão ligados de um lado com o perimísio – tecido conjuntivo – e, do outro lado, com a túnica adventícia – tecido conjuntivo da arteríola pré-capilar. Graças a essa estrutura, a sístole da vasomotricidade, ou seja, a contração da arteríola pré-capilar leva à fase de abertura dos capilares linfáticos. A diástole da vasomotricidade, ou seja, o relaxamento das arteríolas pré-capilares fecha os capilares linfáticos entre os feixes musculares e a parede do vaso sanguíneo: isso dá origem à fase de esvaziamento dos capilares linfáticos (ver Fig. 3.3).

 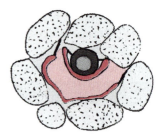

Figura 3.3 Efeito da vasomotricidade sobre a formação da linfa na região da musculatura. À esquerda: a diástole da vasomotricidade comprime o vaso linfático inicial (fase de esvaziamento). À direita: a sístole da vasomotricidade abre o vaso linfático inicial (fase de enchimento).
Modificado segundo Schmid-Schönbein/Zweifach 1994. [L 111]

? Questões

❶ De que é composta a parede dos capilares linfáticos? De que é composta a parede dos capilares sanguíneos?

❷ De que maneira a drenagem linfática manual contribui para a formação mais intensa da linfa?

❸ Qual o papel desempenhado pelas arteríolas pré-capilares na formação da linfa?

3.2 Transporte da linfa

Bomba linfática: linfangion e motricidade do linfangion

❶ Os coletores linfáticos são formados de segmentos valvulares (ver item 1.1) e são denominados **linfangions**. Os linfangions pulsam com frequência média de 10 batimentos por minuto. Eles correspondem aos "**coraçõezinhos linfáticos**": por meio de suas sístoles, impulsionam a linfa para a frente como se fossem bombas (ver Fig. 3.4). A partir de um linfangion pode-se fazer um eletrolinfangiograma.

O linfangion funciona como um "coraçãozinho linfático".

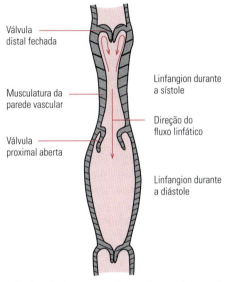

Figura 3.4 Interação de válvulas e musculatura da parede vascular durante a contração do linfangion. [C 155]

O linfangion, assim como o coração, pode somente desempenhar sua função quando as válvulas dos vasos linfáticos funcionarem adequadamente. Durante a sístole do linfangion, a válvula distal deve estar fechada e a proximal aberta; durante a diástole, a válvula proximal deve estar fechada e a distal, aberta (ver Fig. 3.4).

Atenção !

A chamada **motricidade do linfangion** é promovida pela atividade constante de bomba da musculatura do linfangion; porém, ela também é influenciada pelo sistema nervoso autônomo e por diversas substâncias sinalizadoras. Influências nervosas centrais como um susto, por exemplo, também podem alterar a motricidade do linfangion. Também sob esse ponto de vista, o linfangion equivale a um "coraçãozinho".

Existem condições especiais para o transporte de linfa na região dos vasos linfáticos subfasciais da perna. Ali, as artérias, as veias e os vasos linfáticos estão envolvidos por uma bainha vascular comum e não elástica; com isso, a pulsação das artérias representa uma força motriz para o transporte da linfa.

Débito linfático ou volume linfático por unidade de tempo

O linfangion, assim como o coração, trabalha de acordo com o **mecanismo de Frank-Starling**. Isso significa que o débito linfático é guiado pelo volume sanguíneo que entra no átrio direito, a chamada "pré-carga". Quando o retorno venoso aumenta com a caminhada, a parede do átrio é distendida. A consequência disso é uma contração mais forte da musculatura cardíaca, de modo que o sangue que adentra o átrio é automaticamente transportado para dentro da aorta. Além disso, o estiramento do marca-passo e o desencadeamento do reflexo de Bainbridge levam a um aumento da frequência cardíaca.

> O mecanismo de Frank-Starling afirma que o débito linfático é guiado pelo retorno do fluxo venoso.

A atividade da bomba linfática também é guiada pelo volume linfático que chega ao linfangion, a "**pré-carga linfática**". Quando o volume de linfa aumenta em decorrência de um aumento da produção linfática, a parede do linfangion e o marca-passo nela contido são distendidos. Isso leva a uma contração mais forte da musculatura do linfangion e a um aumento da frequência de pulso: a linfa é automaticamente enviada para o linfangion proximal e o **volume linfático por unidade de tempo**, ou seja, a quantidade de linfa que flui em um determinado período por meio de um vaso linfático, aumenta.

> Um linfangion reage com o aumento do volume linfático por unidade de tempo.

A bomba linfática não reage somente à distensão da parede do linfangion. Ela também registra a necessidade do corpo e adapta sua atividade a cada situação. Com uma perda sanguínea, os vasos linfáticos captam mais líquido dos tecidos, transportando-o para dentro da circulação sanguínea. Dessa forma, o sistema linfático atua prevenindo um choque por déficit de volume.

> A bomba linfática se adapta às necessidades do organismo.

Por meio de manobras da drenagem linfática manual, é possível realizar externamente uma sensação de alongamento sobre os linfangions, estimulando sua motricidade.

Capacidade de transporte do sistema vascular linfático

❷ Sabe-se que no caso de aumento do volume sanguíneo venoso eferente (a pré-carga), o **volume cardíaco por unidade de tempo** pode aumentar até um valor máximo. A diferença entre o volume cardíaco por unidade de tempo em repouso e o valor atingido sob exercício é denominada **reserva cardíaca funcional**.

O mesmo vale para o **débito linfático (DL)**: no caso de aumento da pré-carga linfática, o DL também pode aumentar até um valor máximo. Esse valor máximo é denominado "capacidade de transporte do sistema vascular linfático". A diferença entre o DL em repouso e a capacidade de transporte é denominada **reserva funcional do sistema vascular linfático**.

> A capacidade de transporte do sistema vascular linfático é a maior quantidade possível de linfa transportada em uma unidade de tempo.

❸ O conceito de "capacidade" evidencia que somente uma quantidade limitada de linfa é capaz de fluir por meio do sistema vascular linfático. Esse débito linfático não consegue ser ultrapassado mesmo quando se emprega toda a motricidade do linfangion.

A capacidade de transporte do sistema vascular linfático se refere à maior quantidade de linfa possível que o sistema vascular linfático é capaz de transportar por unidade de tempo.

Atenção !

Papel dos linfonodos no fluxo linfático

Os linfonodos não são somente órgãos a serviço da defesa imunológica: eles também desempenham um papel importante no transporte da linfa.

❹ Sob condições normais, uma quantidade considerável da água linfática é reabsorvida através dos capilares sanguíneos do nódulo linfático (ver item 1.2). Por isso, o volume de linfa que deixa o linfonodo é consideravelmente menor que o volume que chega até ele por meio dos vasos aferentes. A linfa eferente também contém mais proteínas e células sanguíneas que a linfa aferente.

O teor de células contidas na linfa é alterado no linfonodo.

Sob condições patológicas, nos linfonodos a linfa recebe água do sangue por meio de ultrafiltração. Com isso, o débito linfático eferente é maior que o aferente e a linfa eferente contém menos proteínas, assim como uma quantidade menor de células sanguíneas, que a linfa aferente. Isso ocorre quando os linfonodos estão situados em uma região de estase venosa e/ou quando a concentração de proteínas no plasma sanguíneo está subnormal (hipoproteinemia). Sob tais condições, fala-se de um **aumento da "pós-carga linfática"**, que pode ter como consequência uma estase nos vasos linfáticos aferentes.

Logo, as linfas eferente e aferente apresentam diferenças não somente de volume, mas também contêm quantidades desiguais de proteínas e células sanguíneas. No indivíduo sadio, a linfa eferente contém um maior número de linfócitos que a linfa aferente, não somente como decorrência da reabsorção de água da linfa no linfonodo, mas também porque no linfonodo são formados linfócitos. A linfa aferente contém macrófagos (grandes células fagocitárias), que não estão contidos na linfa eferente.

Outra função não imunológica dos linfonodos consiste no fato de servirem temporariamente como reservatórios de linfa. Quando os linfonodos estão aumentados em tamanho, em decorrência de linfa captada, a musculatura inervada da cápsula do linfonodo se contrai, bombeando a linfa para dentro dos vasos linfáticos eferentes.

As funções não imunológicas dos linfonodos são:
- "câmaras de reabsorção de linfa";
- reservatórios de linfa.

Os terapeutas devem informar o médico quando encontrarem linfonodos palpáveis e de tamanho aumentado!

Atenção !

❶ O que é um linfangion?
❷ O que é o mecanismo de Frank-Starling, que atua no coração e nos vasos linfáticos?
❸ O que é a capacidade de transporte do sistema vascular linfático?
❹ Quais as funções não imunológicas dos linfonodos?

Questões ?

3.3 Função de válvula de segurança do sistema vascular linfático

No item 2.1, do capítulo 2, foram descritas as alterações que levam ao aumento do volume de ultrafiltrado líquido formado por unidade de tempo e foi explicado que esse volume de ultrafiltrado líquido corresponde à **pré-carga de transporte linfático obrigatório**. Também foi mostrado que o sistema vascular linfático reage a um aumento dessa pré-carga com o aumento do volume linfático por unidade de tempo.

❶ A atividade dos vasos linfáticos em reagir a um aumento da carga hídrica com um aumento do volume linfático por unidade de tempo é denominada função de válvula de segurança. Durante a execução dessa função de válvula de segurança dois processos andam juntos: inicialmente, é formada mais linfa a partir do ultrafiltrado líquido (mais líquido tissular) nos vasos linfáticos iniciais. A seguir, são ativadas as bombas linfáticas por meio do mecanismo de Frank-Starling. A atividade motora do linfangion é acelerada.

Se essa função de válvula de segurança não existisse, o líquido tissular permaneceria no interstício e o tecido incharia. Ocorreria a formação de um **edema extracelular.** (Quando o teor de água das células aumenta, falamos em um edema intracelular.)

! Atenção

❷ Um edema visível e palpável, originado por um maior acúmulo de líquido no interstício, é denominado **edema extracelular**. Tal edema pode ser diferenciado de outras intumescências tissulares por meio da pressão exercida por um dedo sobre a intumescência: no edema aparece uma depressão visível (ver Fig. 3.5). No caso de um **edema rico em proteínas**, não se forma uma depressão quando o tecido edematoso se modifica com o passar do tempo (ver item 4.1). A comprovação de que há um edema extracelular não é um diagnóstico; o edema é somente um sintoma.

---

3 Formação da linfa e fluxo linfático: a drenagem linfática fisiológica

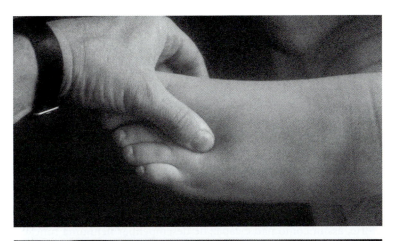

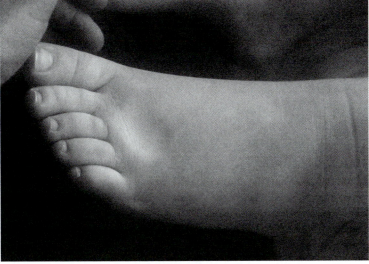

Figura 3.5 Edema no antepé encontrado durante o "teste da depressão" (ou sinal do cacifo ou sinal de Godet). [M 122]

Questões

1. O que se entende por "função de válvula de segurança do sistema linfático"?
2. O que é um edema extracelular e o que é um edema intracelular?

4 Insuficiência do sistema vascular linfático

Um sistema vascular linfático insuficiente não é capaz de atuar sobre a carga de transporte linfático obrigatório, assim como é incapaz de desempenhar sua função de válvula de segurança.

A tarefa do sistema vascular linfático consiste no transporte do ultrafiltrado líquido formado sob condições fisiológicas de repouso, da carga hídrica de transporte linfático obrigatório, assim como das moléculas de proteínas nela dissolvidas, ou seja, a carga proteica de transporte linfático obrigatório. Além disso, tem condições de desempenhar uma função de válvula de segurança. Um sistema vascular linfático insuficiente não é capaz de atuar sobre a carga de transporte linfático obrigatório, assim como não é capaz de desempenhar nenhuma função de válvula de segurança.

! Atenção

❶ Em caso de suficiência do sistema vascular linfático, a capacidade de transporte é maior que a carga de transporte linfático obrigatório. Em caso de insuficiência, ocorre o contrário: a carga de transporte linfático obrigatório é maior que a capacidade de transporte.

Existem três formas de insuficiência do sistema vascular linfático:

- insuficiência de alto volume (insuficiência dinâmica);
- insuficiência de baixo volume (insuficiência mecânica);
- forma combinada (insuficiência da válvula de segurança).

4.1 Insuficiência de alto volume ou insuficiência dinâmica

Insuficiência de alto volume:
- vasos linfáticos sadios;
- capacidade de transporte normal;
- carga de transporte linfático obrigatório mais alta que a capacidade normal de transporte;
- débito linfático corresponde à capacidade de transporte.

❷ Uma insuficiência de alto volume (insuficiência dinâmica) ocorre quando o volume de ultrafiltrado líquido produzido em uma unidade de tempo, ou seja, da carga hídrica de transporte linfático obrigatório contendo proteínas, excede a capacidade de transporte do sistema vascular linfático anatômico e funcionalmente intacto.

❸ Em virtude disso, o líquido se acumula no tecido, ocorrendo a formação de um edema extracelular.

Os motivos pelos quais existe a capacidade de transporte, ou seja, um débito linfático mais alto possível, já foram citados:

- A **formação da linfa** não pode ser aumentada infinitamente (ver item 3.1).
- A **bomba linfática** não é capaz de esgotar sua capacidade (ver item 3.2).

4.2 Insuficiência de baixo volume ou insuficiência mecânica

❹ A capacidade de transporte pode cair e ficar abaixo do nível normal da carga de transporte linfático obrigatório, em decorrência de várias doenças que acometem os vasos linfáticos e/ou os linfonodos, o que dá origem a um linfedema. Este inicia com um edema extracelular rico em proteínas e, caso não seja tratado adequadamente, leva a graves lesões tissulares. O linfedema é a indicação mais importante para a fisioterapia complexa de drenagem, cujo componente integral é a drenagem linfática manual.

Existem linfedemas primários e secundários. Os primários são consequências de distúrbios de desenvolvimento dos vasos linfáticos e/ou dos linfonodos. Formas secundárias são decorrentes de diversas lesões dos vasos linfáticos e/ou dos linfonodos, por exemplo, tumor maligno, processos inflamatórios, ferimentos, cirurgias ou irradiação.

4.3 Insuficiência da válvula de segurança

❺ Uma insuficiência da válvula de segurança se origina quando a capacidade de transporte dos vasos linfáticos diminui com o aumento concomitante da carga de transporte linfático obrigatório.

Com uma **insuficiência de alto volume de longa duração** do sistema vascular linfático, pode ocorrer uma lenta redução da capacidade de transporte. Quando os linfangions trabalham constantemente com força total, a pressão dentro do vaso linfático aumenta (**hipertensão linfática**). As paredes e as válvulas dos coletores linfáticos (ver item 1.1) não conseguem suportar essa sobrecarga por muito tempo. O vaso se dilata sob a pressão da linfa, podendo ocorrer uma **insuficiência valvular**: as válvulas deixam de fechar corretamente e, durante a sístole do linfangion, a linfa não é mais bombeada somente em sentido central, mas também em direção à periferia.

O sistema vascular linfático somente é capaz de transportar uma quantidade limitada de líquido:
- somente pode ser formada uma quantidade determinada de linfa;
- a bomba linfática somente é capaz de gerar um determinado rendimento.

Insuficiência de baixo volume:
- vasos linfáticos doentes;
- capacidade de transporte limitada;
- carga de transporte linfático obrigatório normal;
- débito linfático corresponde à capacidade de transporte limitada;
- linfedema primário;
- linfedema secundário.

Insuficiência da válvula de segurança:
- capacidade de transporte reduzida;
- carga de transporte linfático obrigatório aumentada.

Lesão dos vasos linfáticos:
- hipertensão linfática;
- insuficiência valvular;
- insuficiência da parede;
- linfangiosclerose.

Se a pressão elevada dentro do vaso linfático se mantiver, as paredes vasculares se tornam permeáveis: ocorre uma insuficiência da parede, de modo que a linfa vaza para dentro da parede do vaso linfático e para dentro do tecido conjuntivo paralinfático. O vaso linfático endurece e suspeita-se de **linfangiosclerose**.

No caso de uma **insuficiência de baixo volume**, é possível que, a qualquer momento, aumente a carga de transporte linfático obrigatório.

Consequência da insuficiência da válvula de segurança

❻ A insuficiência da válvula de segurança é a forma mais grave de insuficiência. Ela leva a formas combinadas de linfedema. Na região afetada é possível a morte celular.

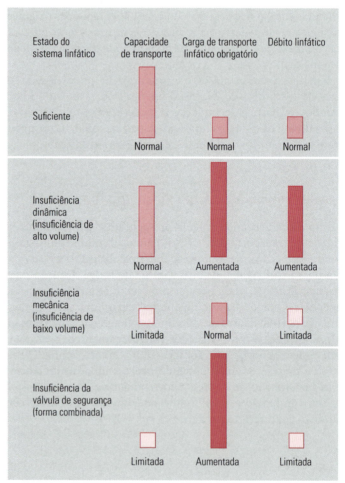

Figura 4.1 Capacidade de transporte, carga de transporte linfático obrigatório e débito linfático em um sistema linfático com funcionamento normal, na insuficiência de alto volume, na insuficiência de baixo volume e na insuficiência da válvula de segurança. [C 157]

Um caso especial: a insuficiência hemodinâmica

❼ Existe uma forma especial de insuficiência da válvula de segurança, a **insuficiência hemodinâmica**. Ela é a consequência de uma **insuficiência cardíaca direita**.

Se a musculatura da câmara cardíaca direita estiver enfraquecida, durante a sístole a câmara não é capaz de se esvaziar completamente para dentro da artéria pulmonar. Forma-se uma estase sanguínea na câmara cardíaca direita, que se estende primeiramente ao átrio direito e depois, pouco a pouco, a toda a circulação venosa do organismo. Ocorre um **aumento da pressão venosa** e uma **hiperemia passiva** em toda a circulação corporal. **A pressão no capilar sanguíneo aumenta**, o que eleva a pressão ultrafiltrante efetiva (ver item 2.1): é produzida uma quantidade maior de ultrafiltrado líquido, ou seja, a pré-carga de transporte linfático obrigatório aumenta. O sistema vascular linfático reage com sua função de válvula de segurança, mas está prejudicado pela alta pressão venosa existente também no ângulo venoso esquerdo e pelo fato de que em todos os linfonodos corporais é adicionada água à linfa, ou seja, existe uma **pós-carga linfática** duplamente aumentada.

Quando o aumento da carga hídrica de transporte linfático obrigatório ultrapassa a capacidade de transporte, ocorre um **edema cardíaco**. Como a insuficiência da válvula de segurança também engloba o sistema de válvula de segurança da musculatura cardíaca, ela passará a lesar cada vez mais a câmara direita, e a câmara esquerda também será afetada.

> Em decorrência da capacidade insuficiente da câmara cardíaca direita, ocorre uma hiperemia passiva na circulação corporal. A PUE aumenta.

Questões

❶ Qual é a relação entre capacidade de transporte e carga de transporte linfático obrigatório na insuficiência do sistema vascular linfático?

❷ O que é uma insuficiência de alto volume?

❸ Quais as consequências de uma insuficiência de alto volume?

❹ O que é uma insuficiência de baixo volume? Quais as consequências de uma insuficiência de baixo volume?

❺ O que é uma insuficiência da válvula de segurança?

❻ Quais as consequências de uma insuficiência da válvula de segurança?

❼ O que é uma insuficiência hemodinâmica?

5 Efeito da massagem sobre a formação da linfa e motricidade do linfangion

5.1 Drenagem linfática manual e formação da linfa

Drenagem linfática manual (DLM) e débito linfático

O débito linfático pode ser determinado experimentalmente. Em completo repouso físico, ele é muito baixo. Quando uma extremidade é passivamente movimentada, o débito linfático aumenta.

Quando, durante a movimentação passiva, a extremidade é adicionalmente tratada com os **círculos fixos** da drenagem linfática manual (ver item 6.1), o débito linfático aumenta muito.

O débito linfático aumenta sob o efeito da DLM.

Aumento da formação da linfa

Esse aumento do débito linfático sob efeito da DLM é decorrente do **aumento da formação da linfa**. A DLM faz com que o líquido tissular, nos canais tissulares conjuntivos pré-linfáticos (ver item 1.1), seja impulsionado com maior intensidade para os vasos linfáticos iniciais.

Aumento do afluxo de líquido nos canais pré-linfáticos.

Efeito da DLM sobre a fase de enchimento e esvaziamento

A troca rítmica da compressão e expansão do tecido sob DLM aumenta a frequência das fases sequenciais de enchimento e esvaziamento dos vasos linfáticos iniciais (ver item 3.1).

A pressão intermitente da DLM acelera o enchimento e esvaziamento dos capilares linfáticos.

5.2 Drenagem linfática manual e motricidade do linfangion

Além de sua influência sobre a formação da linfa, a DLM também aumenta a **motricidade do linfangion**. O aumento da produção de linfa faz com que se eleve a quantidade de linfa dentro dos linfangions, provocando a dilatação de suas paredes. Além disso, os movimentos manuais circulares também distendem a parede do vaso linfático a partir da parte externa: o mecanismo de Frank-Starling é ativado e o débito linfático aumenta (ver item 3.2).

A drenagem linfática manual estimula a motricidade do linfangion.

5 Efeito da massagem sobre a formação da linfa e motricidade do linfangion

Por causa do aumento da produção linfática e da aceleração do transporte linfático, o número de linfócitos transportadores por unidade de tempo é maior.

Atenção !

Alguns efeitos da drenagem linfática manual:
- Por meio da drenagem linfática manual ocorre um aumento da formação da linfa.
- O volume linfático aumentado distende a parede do linfangion.
- A distensão da parede vascular leva a um aumento da motricidade do linfangion (mecanismo de Frank-Starling).
- O débito linfático aumenta.

Questão ?

Como a drenagem linfática manual influencia a formação da linfa e a motricidade do linfangion?

6 Princípios básicos da drenagem linfática manual

6.1 Manobras

Manobras básicas de Vodder

As quatro manobras básicas segundo Vodder.

❶ A drenagem linfática manual se baseia nas manobras básicas segundo Vodder:

- círculo fixo;
- manobra de rotação ou movimentos giratórios;
- manobra de bombeamento;
- manobra da mão em concha.

As manobras são divididas em:
- fase de bombeamento;
- fase de relaxamento.

❷ A evolução dos movimentos dessas quatro manobras se dá segundo um esquema básico comum (ver item 6.1). Diferenciamos:

- A **fase de bombeamento**, que empurra o líquido na direção de escoamento da linfa exercendo um suave estímulo circular de alongamento sobre a pele. Esse estímulo de alongamento é transmitido principalmente aos vasos linfáticos do tecido subcutâneo, levando a um aumento da motricidade do linfangion (ver item 3.2); o aumento rítmico da pressão tissular favorece a formação da linfa.
- A **fase de relaxamento**, na qual somente o contato cutâneo é mantido para que os vasos possam se encher novamente a partir da região distal (efeito de sucção).

A fase de bombeamento e de relaxamento não se alternam bruscamente e sim, aparecem uma após a outra de modo uniforme. Um ritmo de um segundo com 5 a 7 repetições no mesmo local.

! Atenção

As manobras básicas são adaptadas à região corporal a ser tratada. Cada manobra é repetida 5 a 7 vezes no mesmo local. Depois, segue-se em direção distal e, a seguir, a região previamente tratada é "remassageada" cerca de 3 a 4 vezes (mudança de distal para proximal). Para tal procedimento, um "ritmo de um segundo" para cada manobra isolada tem-se mostrado eficaz. Trabalhar mais rapidamente é contraproducente. O trabalho sempre deve ser executado com mãos relaxadas, em espaços abrangentes.

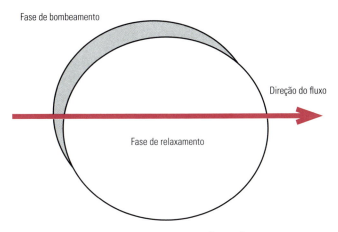

Figura 6.1 Trajeto circular das manobras básicas. [M 122]

Manobras para redução de edema

Com essas manobras, o líquido livre do edema é dirigido para as áreas centrais, que geralmente já passaram por pré-tratamento (ver item 6.2). O tempo de compressão dura vários segundos, a intensidade da manobra (ver item 6.2) não é aumentada consideravelmente.

Em geral, são usadas duas técnicas de manobras:

- **Manobras de bombeamento** com ambas as mãos (a "manobra suave de redução de edema").
- **"Manobra anelar"** executada com as duas mãos: as mãos envolvem a extremidade e empurram o líquido do edema, sem escorregar sobre a pele. Essa técnica de manobra é executada somente no antebraço e na mão ou na perna e no pé.

Deslocamento de líquido livre de edema por meio de:
- manobras de bombeamento;
- manobra anelar.

Contraindicações

As manobras para redução de edema não devem ser realizadas na presença de:

- varizes;
- lesões tissulares decorrentes de radiação (fibroses radiogênicas);
- lipedemas dolorosos ("edemas gordurosos": depósitos de gordura simétricos, geralmente situados nas extremidades inferiores. Um lipedema frequentemente está acompanhado de um linfedema. Afetam quase exclusivamente mulheres).

Não realizar manobras de redução de edema na presença de:
- varizes;
- lesões decorrentes de irradiação;
- lipedemas;
- dores.

---

❶ Quais são as quatro manobras básicas de Vodder?
❷ Em que fases são subdivididas as manobras da drenagem linfática manual?

Questões

6.2 Execução da drenagem linfática manual

Consideração prévia: a resistência ao fluxo

Em decorrência da alta resistência ao fluxo, as manobras devem ser realizadas de forma lenta e cuidadosa.

❶ Durante a execução da drenagem linfática manual, deve-se estar ciente da sobrecarga dos vasos linfáticos associada à drenagem: os vasos que são alcançados com as manobras básicas têm um diâmetro inferior a um milímetro. Os vasos da rede linfática capilar são desprovidos de válvulas (ver item 1.1), assim como o sistema de canais pré-linfáticos (ver item 1.1) que são ainda mais estreitos. Quanto menor o diâmetro de um vaso, maior será a resistência a ser vencida pelo líquido ao fluir. Por isso, as manobras sempre devem ser realizadas de forma **lenta e delicada**, para que os vasos não sejam sobrecarregados.

Um exemplo: uma seringa sem agulha pode ser esvaziada rapidamente e sem grande esforço. Quando colocamos uma agulha fina na seringa, reduzindo assim a sua abertura, é preciso mais força ou mais tempo para retirar ao líquido da seringa.

Evolução do tratamento

Pré-tratamento proximal

O pré-tratamento proximal é o início de toda sessão de tratamento.

O tratamento sempre começa com um **pré-tratamento proximal**. Essa preparação tem uma importância decisiva para o tratamento.

❷ Para o pré-tratamento, cria-se um espaço proximal para o líquido do edema situado em local mais distal. No decorrer do tratamento, o líquido pode então fluir do tecido edemaciado para a região previamente preparada e de lá pode ser transportado. Além disso, esse pré-tratamento estimula a motricidade do linfangion dos vasos linfáticos proximais por um período que vai além da realização do tratamento. Assim se origina o **efeito de sucção**, por meio do qual a linfa é "sugada" da parte distal, por exemplo, de uma extremidade.

O tratamento sempre é realizado no sentido proximal para distal.

Os vasos linfáticos centrais sadios, situados próximo da região congestionada, podem ser comparados com a esteira rolante de uma linha de montagem. Inicialmente, é preciso ligar a esteira e, somente quando ela está em movimento, faz sentido "colocar" o líquido de edema em localização **distal** sobre essa esteira rolante transportadora.

! Atenção É errado simplesmente trabalhar a extremidade a ser tratada sem fazer um pré-tratamento!

Exemplo de tratamento de um edema na perna e na região do pé: inicialmente deve ser tratada a região inguinal e os vasos linfáticos da coxa; às vezes, também é necessário tratar os troncos linfáticos profundos do abdome e da pelve. Somente depois se começa com o tratamento da região realmente congestionada: o redirecionamento do líquido do edema para as regiões centrais previamente tratadas é o último passo.

Tratamento

Com qual intensidade se deve trabalhar?

As manobras devem ser efetuadas de tal maneira que o efeito seja atingido sem dar origem a lesões. Portanto, é preciso trabalhar com firmeza suficiente para fornecer o estímulo de alongamento necessário e para que a mão que está trabalhando não "simplesmente deslize sobre a pele". Porém, as manobras não devem empregar uma força desnecessária:

❸ Uma pressão muito intensa pode destruir os finos filamentos de ancoragem (ver item 3.1). Na região dos coletores de bombeamento ativo, uma manobra de massagem executada com muita força possivelmente leva a cãibras da musculatura referente aos vasos linfáticos que estão sendo estimulados. Massagear de maneira muito leve, por sua vez, não produz o efeito desejado.

Manobras muito firmes podem lesar os filamentos de ancoragem.

Manobras muito leves não produzem o efeito desejado.

Não existe um valor indicado de intensidade para a drenagem linfática manual. As manobras sempre são adaptadas à região corporal a ser tratada. Assim, por exemplo, a região dos glúteos deve ser tratada com força maior que a região do pescoço. Por esse motivo, é impossível indicar uma "pressão de tratamento ideal".

Atenção !

Com que rapidez se deve trabalhar?

Como já foi citado, geralmente massageamos com um ritmo de um segundo por manobra. Trabalhar mais rapidamente parece não fazer sentido quando consideramos que a frequência da motricidade do linfangion em coletores sadios e em repouso é de somente 6 manobras/minuto e a frequência durante um movimento é de aproximadamente 20 manobras/minuto.

O trabalho realizado rapidamente tem um efeito negativo sobre a capacidade de trabalho dos vasos linfáticos.

O que mais deve ser levado em consideração?

O aumento da atividade dos linfangions persiste durante um determinado período após a aplicação da DLM; consequentemente, após um tratamento de DLM sempre deve existir a possibilidade de um repouso noturno, de preferência em uma posição que favoreça o fluxo e a terapia respiratória, executada pelo próprio paciente.

Deve-se assegurar que o posicionamento está correto e que está sendo feito repouso noturno.

❶ Por que as manobras devem ser realizadas de forma lenta e delicada?
❷ Por que sempre é preciso tratar previamente as regiões sadias próximo da região congestionada?
❸ O que pode acontecer quando as manobras são realizadas de maneira muito brusca e rápida?

Questões

6.3 Indicações e contraindicações da drenagem linfática manual (DLM) e da fisioterapia complexa de drenagem (FCD)

A DLM/FCD é empregada com sucesso principalmente nos quadros patológicos descritos a seguir:

- linfedema (formas primária e secundária);
- lipedema (e formas combinadas, por exemplo, lipo-linfedema etc.) e na lipomatose simétrica benigna (síndrome de Madelung);
- edema flebo-linfostático;
- edemas pós-traumáticos e pós-operatórios;
- edemas inflamatórios sem participação de germes patogênicos (por exemplo, esclerodermia);
- edemas originados por paralisias.

Nem sempre o médico que prescreve uma determinada intervenção terapêutica está familiarizado com todos os aspectos de sua execução prática, o que é especialmente frequente na drenagem linfática manual, porque no estudo da medicina é dada pouca atenção à linfologia. Da mesma forma, durante um período de tratamento mais prolongado, podem ocorrer problemas que o médico não teve como notar no momento da prescrição.

Por isso, o terapeuta deve estar muito bem informado sobre todas as contraindicações das formas terapêuticas por ele empregadas. Pelo mesmo motivo, o terapeuta sempre deve estar em contato com o médico caso existam aspectos que não tenham sido esclarecidos.

São diferenciadas as **contraindicações gerais**, válidas para qualquer região corporal, e as **contraindicações especiais**, no tratamento do pescoço e da drenagem linfática abdominal profunda. Tais contraindicações locais serão abordadas separadamente nos capítulos a seguir.

❶ As contraindicações podem ser de natureza **absoluta** ou **relativa**. Na presença de contraindicações relativas, o médico pode autorizar o tratamento quando houver justificativas para fazê-lo; na presença das contraindicações absolutas, não.

Contraindicações gerais

❷ Na presença de uma **insuficiência cardíaca descompensada**, a drenagem linfática manual está **absolutamente contraindicada**. Isso significa que um edema cardíaco (ver item 4.3) nunca deve ser tratado com drenagem linfática manual ou enfaixamento.

Inflamações agudas, provocadas por germes patológicos (bactérias, fungos, vírus), também são contraindicações absolutas. Esses germes podem ser disseminados com a DLM, desencadeando uma sepse. Por outro lado, os **linfedemas malignos**, provocados por um câncer ativo, são contraindicações relativas.

Se houver situações não esclarecidas, entrar em contato com o médico.

Diversos tipos de contraindicações:
- *contraindicações gerais para o corpo como um todo ou para regiões corporais especiais;*
- *contraindicações especiais para o tratamento do pescoço e para a drenagem abdominal.*

São divididas em:
- *contraindicações relativas;*
- *contraindicações absolutas.*

Questões ?

❶ O médico pode revogar uma contraindicação absoluta? Explique a diferença entre contraindicação absoluta e relativa.

❷ Um edema cardíaco pode ser tratado com drenagem linfática manual?

6.4 Sequências de manobras para as diversas regiões a serem tratadas

As sequências de manobras, segundo o Dr. phil. E. Vodder, apresentadas a seguir, não devem ser encaradas como "sequências dogmáticas", e sim como um auxílio útil para o aprendizado. As estruturas de tratamento se orientam no trajeto anatômico dos vasos linfáticos. Importante é o conhecimento e respeito das regras básicas discutidas no item 6.2.

A indicação da técnica de manobras também não deve ser vista como um dogma, devendo sempre ser adaptada aos sinais e aos sintomas atuais. Dessa forma, na presença de um edema maciço do dorso do pé, não faria sentido trabalhar com o polegar ou com as pontas dos dedos em vez de se usar a mão espalmada.

As estruturas de tratamento descritas a seguir formam a base para o tratamento de:

- **distúrbios locais do fluxo linfático:** edemas decorrentes de estase venosa, edemas traumáticos e pós-operatórios, distrofia simpática reflexa – DSR (doença de Sudeck), edemas associados a paralisias;
- **doenças sistêmicas** associadas com edemas, por exemplo, as doenças de ordem reumática (por exemplo, esclerodermia).

Linfedemas primários e secundários (ver item 4.2) são tratados com técnicas de manobras e sequências de manobras modificadas de modo correspondente. Para realizar o pré-tratamento da região sadia, limítrofe da região congestionada, o terapeuta precisa dominar a sequência de manobras descritas nos capítulos a seguir.

A sequência das manobras se dá no trajeto anatômico dos vasos linfáticos.

A escolha da técnica da manobra é adaptada aos sinais e aos sintomas.

As estruturas de tratamento formam a base para o tratamento de:
- *distúrbios locais do fluxo linfático;*
- *doenças sistêmicas com formação de edemas.*

Atenção !

As estruturas de tratamento de quadros clínicos especiais (principalmente de linfedemas) são ensinadas e treinadas em cursos especiais com 170 aulas, e somente após a conclusão de curso profissionalizante de fisioterapia e massoterapia é indicado que estes profissionais atuem*.

Questão ?

Explique novamente as regras básicas para a execução da drenagem linfática manual discutidas no item 6.2.

---

* N.R.C.: Esse tipo de formação existe somente na Alemanha. No Brasil, essa terapia deve ser aplicada apenas por fisioterapeutas.

7 Tratamento dos linfonodos do pescoço e suas regiões tributárias

7.1 Princípios anatômicos

Grupos de linfonodos e regiões

No pescoço diferencia-se, por um lado, uma camada de linfonodos superficiais (**linfonodos cervicais superficiais**) e uma camada de linfonodos profundos (**linfonodos cervicais profundos**), assim como, por outro lado, os **linfonodos cervicais inferiores** situados proximalmente, e os **linfonodos cervicais superiores**, situados mais distalmente (ver item 7.1).

A linfa da região dos ombros e da nuca, situada acima do divisor de águas linfático marcado pelas clavículas e pelo acrômio da escápula, também se dirige para os linfonodos cervicais inferiores. Nos linfonodos cervicais inferiores flui a totalidade da linfa da região da cabeça e do pescoço.

Troncos linfáticos

A linfa da região da cabeça, do pescoço e da face chega ao sistema venoso de duas maneiras, enquanto os linfonodos estão integrados ao trajeto dos troncos como "pérolas de um colar":

- o tronco jugular trafega por ambos os lados da veia jugular;
- a cadeia acessória (que acompanha o nervo acessório) flui um pouco mais dorsalmente para depois se dirigir à fossa clavicular (linfonodos cervicais inferiores).

Na região do pescoço, as manobras devem ser executadas com a mão espalmada, para que seja possível tratar concomitantemente as duas cadeias de linfonodos.

> A linfa da região da cabeça, do pescoço e da face chega ao sistema venoso pelo:
> - tronco jugular;
> - cadeia acessória.

Tratamento O conhecimento do trajeto do vaso linfático ajuda a economizar tempo: para um edema na região dos sacos lacrimais não é preciso, por exemplo, tratar a região dos ombros ou da nuca.

7 Tratamento dos linfonodos do pescoço e suas regiões tributárias

Parte prática

a) Marque, no seu parceiro, os linfonodos da região da cabeça, do pescoço e da face, assim como o trajeto dos coletores correspondentes (ver ilustração a seguir).
b) Para os quadros patológicos a seguir, considere quais regiões devem ser tratadas e quais podem ser poupadas:
- traumatismo do tipo chicote;
- edema traumático na região da testa e da bochecha de ambos os lados;
- edema pós-operatório após extração dos dentes sisos.

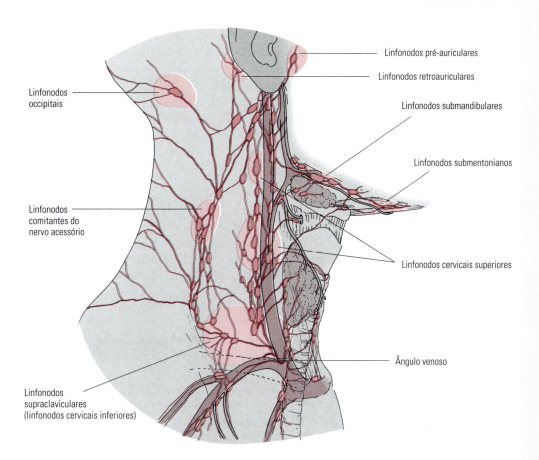

Figura 7.1 Anatomia dos nódulos linfáticos da cabeça e do pescoço em representação esquemática (modificada a partir de uma ilustração de: von Lanz/Wachsmuth, *Praktische Anatomie*. Bd. 1/II. Springer-Verlag, 1955). [M 122]

7.2 Tratamento do pescoço e da região do ombro

Região de tratamento

É tratada somente a **região posterior ou lateral do pescoço**. O músculo esternocleidomastóideo delimita a região de tratamento em sentido ventral.

Contraindicações

Contraindicações absolutas

- **Hiperfuncionamento da glândula tireoide,** em razão do perigo da rápida passagem de hormônios tireoidianos para o sangue.
- **Hipersensibilidade do seio carotídeo**, em razão do perigo de uma queda arriscada da pressão sanguínea e da frequência cardíaca. (A hipersensibilidade pode ser uma consequência da dilatação do lúmen junto à bifurcação carotídea ou na porção inicial da artéria carótida interna; lá se encontram numerosas terminações nervosas sensíveis à pressão.)
- **Distúrbios do ritmo cardíaco**, uma estimulação do nervo vago pode desencadear distúrbios relevantes do ritmo cardíaco.

> - Hiperfuncionamento da glândula tireoide.
> - Hipersensibilidade do seio carotídeo.
> - Distúrbios do ritmo cardíaco.

Contraindicações relativas

Em pacientes com mais de 60 anos deve ser mantido contato com o médico que os encaminhou. Na idade mais avançada, deve-se contar com uma arteriosclerose na região dos grandes vasos do pescoço: os vasos passam a ser mais sensíveis à pressão e, além disso, placas arterioscleróticas podem se soltar da parede interna dos vasos cervicais e ocluir um vaso cerebral (perigo de acidente vascular cerebral).

> Em pacientes mais idosos deve ser mantido contato com o médico que encaminhou o paciente.

Indicações possíveis

- Distúrbios locais do fluxo linfático após traumatismos (p. ex., o traumatismo de chicote) ou após ferimentos cortantes com intensa formação cicatricial.
- Distúrbios locais do fluxo linfático após cirurgias, por exemplo, na região abordada por dentistas ou cirurgiões bucomaxilares.
- Edemas tissulares na região da cabeça decorrentes de processos inflamatórios crônicos na região otorrinolaringológica.
- Como **pré-tratamento em outras terapias,** com abordagem dos linfonodos cervicais inferiores e superiores, assim como na movimentação do cíngulo do membro superior.

> - Distúrbios locais do fluxo linfático após traumatismos.
> - Distúrbios locais do fluxo linfático após cirurgias.
> - Edemas tissulares como consequência de processos inflamatórios crônicos.
> - Pré-tratamentos para outras terapias.

Preparação

Posição inicial

O paciente se encontra deitado em decúbito dorsal, o terapeuta está em pé ao lado do paciente.

Sequência de manobras (ver Fig. 7.5a, 7.5b)

1. Deslizamento

Dois a três movimentos de deslizamento partindo do esterno em direção ao acrômio.

2. Mobilização do cíngulo do membro superior

Por meio da movimentação passiva, por um lado, são alongados os grandes troncos linfáticos (ver item 1.1) e, por outro, é acelerado o retorno venoso dentro da veia subclávia.

A veia subclávia está entremeada com as fáscias da musculatura torácica (fáscia clavipeitoral), por isso, a mobilização do cíngulo do membro superior influencia o diâmetro vascular (o chamado "mecanismo de arejamento"). Esse retorno venoso intensificado exerce um "efeito de bomba de água" sobre a linfa; o sangue, que assim flui mais rapidamente, "puxa" a linfa para dentro do ângulo venoso.

3. Tratamento da cadeia de linfonodos cervicais (ver Fig. 7.3)

a) Fazer **círculos fixos** na fossa clavicular, trabalhando em direção à profundidade com leve pressão.

Esse tratamento dos linfonodos cervicais inferiores é denominado por Vodder de **"tratamento na região de terminus"** (ver Fig. 7.2), uma vez que o sistema vascular linfático termina nos ângulos venosos (ver item 1.1).

b) A seguir, executar **círculos fixos** na região lateral do pescoço com as mãos espalmadas (tratamento dos linfonodos cervicais superiores).

4. Círculos fixos na nuca

- Executar ao longo da linha da nuca (linfonodos occipitais) e dos processos espinhosos de toda a parte cervical da coluna vertebral e, con-

---

Sequência para o tratamento do pescoço e da região do ombro:
1. Deslizamento.
2. Mobilização do cíngulo do membro superior.
3. Tratamento da cadeia de linfonodos cervicais:
a) círculos fixos na fossa clavicular;
b) círculos fixos na região lateral do pescoço.
4. Círculos fixos na nuca.
5. Círculos fixos nas regiões anterior e posterior da orelha.
6. Círculos fixos sobre a parte descendente do músculo trapézio.
7. Círculos fixos sobre a superfície do acrômio.
8. Repetição do trabalho.

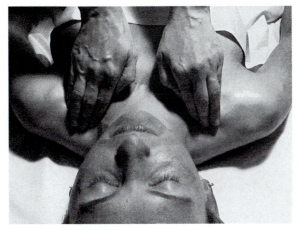

Figura 7.2 "Tratamento na região de terminus". [M 122]

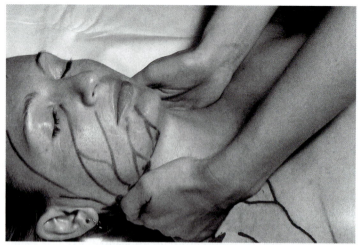

Figura 7.3 Tratamento da cadeia de linfonodos cervicais. [M 122]

comitantemente, exercer pressão em direção ventral sobre a cadeia de linfonodos cervicais laterais (linfonodos cervicais superiores).
- A seguir, drenar para dentro da fossa clavicular.

5. Círculos fixos nas regiões anterior e posterior da orelha

- Tratamento dos linfonodos pré e retroauriculares (linfonodos parotídeos), usando a "manobra da parótida" segundo Vodder, realizada com os dedos médio e indicador (ver Fig. 7.4).
- A seguir, drenar por meio da cadeia de linfonodos cervicais até a fossa clavicular.

6. Círculos fixos sobre a parte descendente do músculo trapézio

Vodder denominou a região sobre a parte descendente do músculo trapézio como "triângulo nucal".
- Executar círculos fixos no triângulo nucal. Para tal, as pontas dos dedos ficam situadas sobre a espinha da escápula, que marca o divisor de águas linfático (ver item 1.2) entre a região tributária da axila e dos linfonodos cervicais.
- A seguir, drenar em sentido ventral para dentro da fossa clavicular.

7. Círculos fixos sobre a superfície do acrômio

A partir da região anterior, trabalhar com pressão em sentido medial, para dentro da fossa clavicular.

8. Repetição do tratamento

De acordo com os sinais e os sintomas.
Deslizamento final.

7 Tratamento dos linfonodos do pescoço e suas regiões tributárias

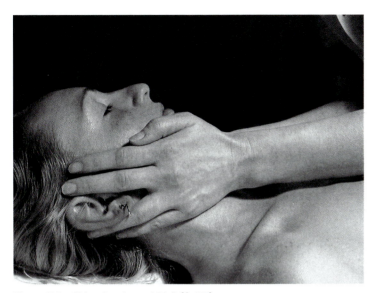

Figura 7.4 "Manobra da parótida". [C 155]

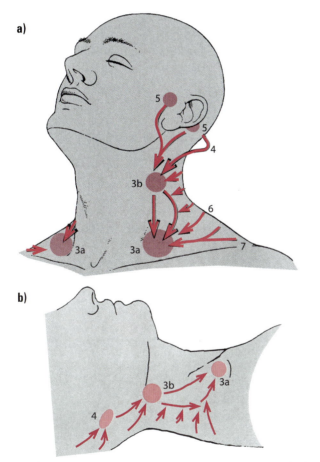

Figura 7.5a, b) Tratamento do pescoço em representação esquemática (os algarismos indicam as manobras citadas no texto). [C 155, M 122]

Valem as contraindicações gerais.

- Distúrbios do fluxo linfático após traumatismos.
- Edemas locais.

7.3 Tratamento da região posterior da cabeça e da nuca

Região de tratamento

A espinha escapular (divisor de águas linfático; ver item 7.1) delimita a região de tratamento em sentido caudal.

Contraindicações

Ver item 6.3

Indicações possíveis

- Distúrbios locais do fluxo linfático após traumatismos, por exemplo, "traumatismo tipo chicote".
- Edemas locais após ferimentos, cirurgias.

Preparação

Posição inicial

O paciente se encontra em decúbito ventral, o terapeuta está em pé ao lado do paciente ou sentado junto à cabeceira da maca.

Pré-tratamento

Região do pescoço e do ombro.

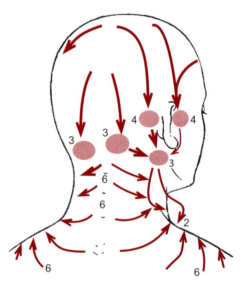

Figura 7.6 Tratamento da região posterior da cabeça e da nuca em representação esquemática (os algarismos indicam as manobras citadas no texto). [M 122]

Sequência de manobras (ver Fig. 7.6)

1. Deslizamento

Manobras de deslizamento na região posterior da cabeça, em direção ao acrômio.

2. Repetição do tratamento da cadeia de linfonodos cervicais

O terapeuta está sentado ou em pé junto à cabeceira da maca (ver item 7.1).

3. Círculos fixos sobre a região posterior da cabeça

- Executar com as mãos espalmadas.
- Inicia-se junto à linha nucal e trabalha-se até a "região do vértice" ("pirâmide", segundo Vodder). Exercer pressão em direção aos linfonodos occipitais ou linfonodos retroauriculares.

O couro cabeludo não deve ser movimentado com essas manobras.

Atenção **!**

4. Círculos fixos na região posterior da orelha

- Executar na região dos linfonodos retroauriculares (eventualmente, também pré-auriculares).
- Depois, drenar os linfonodos cervicais superiores.
- A seguir, drenar para dentro da fossa clavicular.

5. Repetição do tratamento da cadeia de linfonodos cervicais

O terapeuta novamente fica posicionado ao lado do paciente (ver item 7.1).

6. Círculos fixos na região da nuca com pressão em direção à cadeia de linfonodos cervicais

- Executar **círculos fixos** a partir dos processos espinhosos da parte cervical da coluna vertebral em direção ventral para a cadeia lateral de linfonodos cervicais.
- Realizar **círculos fixos** sobre a parte descendente do músculo trapézio ("triângulo nucal"; ver item 7.1), exercendo pressão em direção ventromedial para dentro da fossa clavicular.

7. Tratamento paravertebral

Com as polpas digitais, executar **círculos fixos** ao lado dos processos espinhosos ("tratamento paravertebral", segundo Vodder). Ao mesmo tempo, massagear em direção à profundidade com pressão variável.

Sequência para o tratamento da região posterior da cabeça e da nuca:
1. Deslizamento.
2. Repetição do tratamento da cadeia de linfonodos cervicais.
3. Círculos fixos sobre a região posterior da cabeça.

4. Círculos fixos na região posterior da orelha.
5. Repetição do tratamento da cadeia de linfonodos cervicais.
6. Círculos fixos na região da nuca com pressão em direção à cadeia de linfonodos cervicais.
7. Tratamento paravertebral.
8. Repetição do tratamento.

8. Repetição do tratamento

De acordo com os sinais e os sintomas.
Deslizamento final.

7.4 Tratamento do rosto

Contraindicações

Inflamações na região do rosto.

Processos inflamatórios na região do rosto (furúnculos etc.) são **contraindicações absolutas** para qualquer manipulação manual dessa região.

Como as veias na região da face não possuem válvulas e a veia facial apresenta uma ligação com o cérebro, por meio da veia angular (medial junto ao olho), uma drenagem linfática manual pode levar a uma disseminação de bactérias para dentro da cavidade craniana.

Indicações possíveis

- Distúrbios do fluxo linfático após traumatismos.
- Distúrbios do fluxo linfático após cirurgias.
- Edemas tissulares decorrentes de processos inflamatórios crônicos.

- Distúrbios locais do fluxo linfático após traumatismos, por exemplo, feridas cortantes (ver item 7.1).
- Distúrbios locais do fluxo linfático após cirurgias, por exemplo, na região dos dentes e do bucomaxilar (ver item 7.1).
- Edemas tissulares na região da cabeça decorrentes de processos inflamatórios crônicos na região cervical, nasal e otológica.

Preparação

Posição inicial

O paciente se encontra em decúbito dorsal, o terapeuta está sentado ou em pé junto à cabeceira.

Pré-tratamento

Pescoço.

Sequência de manobras (ver Fig. 7.9)

1. Deslizamento

Executar deslizamentos paralelos sobre a mandíbula, maxila, face e testa nas direções do fluxo.

2. Tratamento dos linfonodos submandibulares e submentonianos (ver Fig. 7.7)

- Posicionar os dedos "em gancho" sob a mandíbula. É exercida uma pressão lateral em direção ao ângulo da mandíbula e linfonodos cervicais superiores.

7 Tratamento dos linfonodos do pescoço e suas regiões tributárias

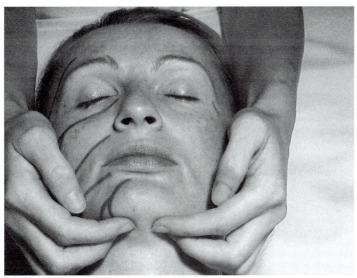

Figura 7.7 Tratamento dos linfonodos submentonianos e submandibulares. [M 122]

Sequência para o tratamento do rosto:
1. Deslizamento.
2. Tratamento dos linfonodos submandibulares e submentonianos.
3. Círculos fixos na região da mandíbula.
4. Círculos fixos na região da maxila.
5. Tratamento do nariz com círculos fixos.
6. Tratamento dos sacos lacrimais com círculos fixos.
7. "Longa viagem" (segundo Vodder).
8. Tratamento da região superior das pálpebras e das sobrancelhas.
9. Círculos fixos partindo do meio da testa até as têmporas.
10. Repetição do tratamento.
11. Deslizamento final.

- Depois, drenar por meio da cadeia de linfonodos cervicais, para dentro da fossa clavicular.

3. Círculos fixos na região da mandíbula

- Tratar a região do queixo e bochecha.
- A seguir, drenar a fossa clavicular.

4. Círculos fixos na região da maxila

- O tratamento começa abaixo do nariz e percorre a bochecha até a cadeia de linfonodos cervicais.
- Em seguida, drenar a fossa clavicular.

5. Tratamento do nariz com círculos fixos

As manobras são executadas sempre com um dedo. Exercer um bombeamento em direção aos linfonodos submandibulares.

6. Tratamento dos sacos lacrimais com círculos fixos

Drenar por meio dos linfonodos submandibulares e cadeia de linfonodos cervicais até a fossa clavicular.

7. "Longa viagem" (segundo Vodder)

- Executar **círculos fixos** sobre toda a região das bochechas e do queixo, exercendo um bombeamento em direção aos linfonodos submandibulares e submentonianos.

- A seguir, é feito um novo tratamento dos linfonodos submandibulares e submentonianos.
- Finalmente, drena-se por meio da cadeia de linfonodos cervicais para dentro da fossa clavicular.

8. Tratamento da região superior das pálpebras e das sobrancelhas

Iniciar com um bombeamento em direção aos linfonodos pré-auriculares. Somente o terço interno dos vasos da região superior da pálpebra se esvazia para os linfonodos submandibulares.

9. Círculos fixos partindo do meio da testa até as têmporas
(ver Fig. 7.8)

- Massagear com as mãos espalmadas e, partindo desse local (linfonodos pré-auriculares), seguir em direção ao ângulo mandibular (linfonodos cervicais superiores).
- A seguir, drenar para dentro da fossa clavicular.

10. Repetição do tratamento

De acordo com os sinais e os sintomas.

11. Deslizamento final

Executar manobras de deslizamentos paralelos sobre mandíbula, maxila, bochecha e testa.

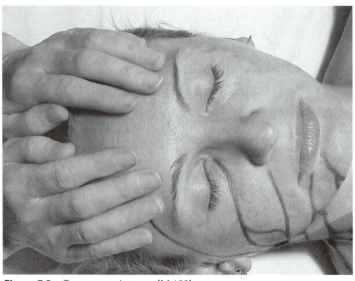

Figura 7.8 Tratamento da testa. [M 122]

7 Tratamento dos linfonodos do pescoço e suas regiões tributárias

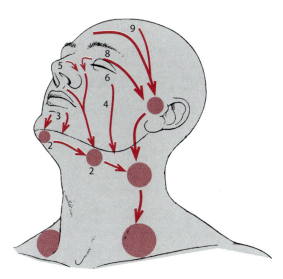

Figura 7.9 Tratamento facial em representação esquemática (os algarismos indicam as manobras citadas no texto). [M 122]

7.5 Drenagem da região interna da boca

Contraindicações

A drenagem bucal interna está absolutamente contraindicada na presença de processos inflamatórios agudos da cavidade bucal com participação de germes patogênicos.

No levantamento de sinais e sintomas, é preciso, por esse motivo, prestar atenção à presença de processos inflamatórios no interior da boca.

Processos inflamatórios na cavidade bucal.

Indicações possíveis

Como componente de tratamento de:

- linfedemas primários na região da cabeça e do pescoço;
- linfedemas secundários da cabeça (em geral, após o tratamento de processos malignos);
- edemas tissulares na região da cabeça como consequência de processos inflamatórios na região da laringe, do nariz e dos ouvidos.

- Linfedemas primários.
- Linfedemas secundários.
- Edemas tissulares decorrentes de processos inflamatórios.

Preparação

Posição inicial

O paciente encontra-se em decúbito dorsal, o terapeuta está em pé ao lado dele.

Lavar as luvas com água corrente.

Pré-tratamento

Pescoço, rosto.

O terapeuta deve utilizar luvas de látex ou dedeiras. Antes do tratamento, as luvas devem ser lavadas com água corrente, para que o sabor do látex seja reduzido. Durante o tratamento, deve-se deixar o paciente deglutir repetidas vezes, além de umidificar com água o dedo que realiza a manobra.

Sequência de manobras

1. Bochechas, lábios superior e inferior

Executar **círculos fixos** sobre as mucosas das bochechas, dos lábios superior e inferior, com apoio externo.

2. Palato duro e palato mole

Tratar o palato duro e a transição para o palato mole com **círculos fixos**.

3. Tratamento do assoalho da boca

Executar **círculos fixos** sobre o assoalho da boca. Ao mesmo tempo, exercer uma pressão contrária sob a mandíbula.

4. Repetição do tratamento

De acordo com os sinais e os sintomas (massagear também o pescoço e o rosto).

Sequência para a drenagem da região interna da boca:
1. *Bochechas, lábios superior e inferior.*
2. *Palato duro e palato mole.*
3. *Tratamento do assoalho da boca.*
4. *Repetição do tratamento.*

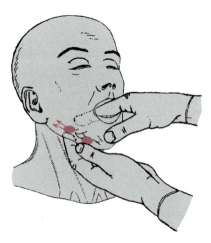

Figura 7.10 Drenagem da região interna da boca. Tratamento dos linfonodos submandibulares com apoio externo. [M 122]

Tratamento dos linfonodos axilares e suas regiões tributárias 8

8.1 Princípios anatômicos

Grupos de linfonodos e regiões

Os linfonodos axilares recebem a linfa do membro superior, da região do ombro, assim como dos quadrantes superiores do tronco e da glândula mamária. Os nódulos axilares são divididos em diversos subgrupos. Se o tratamento for realizado de modo abrangente e com várias abordagens na DLM, atinge-se todos os nódulos – o conhecimento dos subgrupos, nesse caso, tem pouca importância.

Troncos linfáticos

Os vasos linfáticos eferentes dos linfonodos axilares acompanham as artérias axilar e subclávia e se unem formando o tronco subclávio.

Tratamento

O conhecimento da anatomia dos vasos linfáticos ajuda a economizar tempo:
- Na presença de edemas do membro superior não é necessário tratar a região mamária e a região das costas.
- Na presença de um edema isolado da mão (p. ex., edema na hemiparesia, edema traumático ou pós-operatório) pode-se poupar o tratamento das regiões dorsolateral e dorsomedial do braço.

Parte prática

a) Desenhe no seu parceiro os linfonodos axilares assim como o trajeto dos coletores correspondentes no membro superior e nos quadrantes superiores do tronco (ver as ilustrações a seguir, assim como a Fig. 1.5).

b) Para os quadros clínicos a seguir, pense quais regiões devem ser tratadas e quais podem ser poupadas: Onde você diria – do ponto de vista anatômico – que estão situados os pontos centrais do tratamento?
- Edema de ombro pós-traumático/pós-operatório.
- Distrofia simpática reflexa (doença de Sudeck) da mão.
- Edema de mão acompanhado de hemiparesia ou outro tipo de paralisia.
- Hematoma acentuado nas costas de um atleta profissional.

Princípios de drenagem linfática

8.2 Tratamento da mama

Tratamento da porção superior do tronco a partir da região ventral.

> Valem as contraindicações gerais.

Contraindicações

Ver item 6.3.

Indicações possíveis

> Pré-tratamento no linfedema secundário do membro superior (lado contralateral sadio).

Como parte do pré-tratamento no linfedema secundário do membro superior: o tratamento envolve (entre outras coisas partes) a região mamária contralateral sadia.

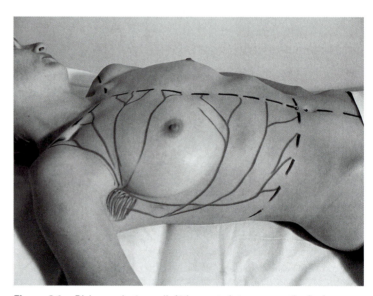

Figura 8.1 Divisores de águas linfáticos e trajeto esquematizado dos vasos linfáticos na região do tórax. [M 122]

Preparação

Posição inicial

O paciente se encontra em decúbito dorsal, o terapeuta fica em pé ao lado dele.

Pré-tratamento

Pescoço (regiões proximais).

Sequência de manobras (ver Fig. 8.5)

1. Deslizamento

Executar dois ou três deslizamentos do esterno em direção à axila.

2. Linfonodos axilares (ver Fig. 8.2)

Tratamento com círculos fixos.

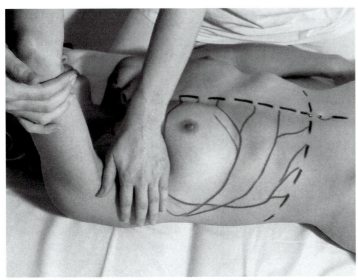

Figura 8.2 Tratamento dos linfonodos axilares. [M 122]

3. Círculos fixos na região lateral do abdome

- Começar com as duas mãos posicionadas abaixo da axila (linfonodos peitorais).
- Massagear até o divisor de águas linfático horizontal na altura do umbigo (ver item 1.2).
- Exercer bombeamento em direção à axila.

4. Círculos fixos entre a clavícula e a glândula mamária (região infraclavicular)

Iniciar junto ao esterno e realizar um movimento de bombeamento em direção aos linfonodos axilares.

5. Tratamento da glândula mamária e seus vasos linfáticos (ver Fig. 8.3)

Trata-se de uma combinação da **manobra de bombeamento** (ver item 6.1) executada com a mão posicionada distalmente e a **manobra de rotação** (ver item 6.1) ou **círculo fixo** executado com a mão situada proximalmente. Ao mesmo tempo, exercer um movimento de bombeamento em direção aos linfonodos axilares.

Sequência para o tratamento da mama:
1. Deslizamento.
2. Linfonodos axilares.
3. Círculos fixos na região lateral do abdome.
4. Círculos fixos entre a clavícula e a glândula mamária (região infraclavicular).
5. Tratamento da glândula mamária e seus vasos linfáticos.
6. Manobra de rotação ("sétima manobra").
7. Repetição do tratamento.
8. Espaços intercostais e linfonodos paraesternais.
9. Repetição do tratamento.
10. Deslizamento final.

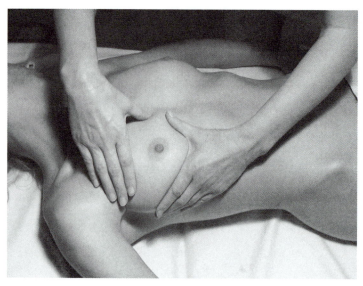

Figura 8.3   Tratamento da glândula mamária. [M 122]

6. Manobra de rotação ("sétima manobra") (ver Fig. 8.4a)

- Começar com as mãos posicionadas abaixo da glândula mamária e massagear sobre o arco costal em direção à lateral do abdome.
- Depois, continuar trabalhando em círculos fixos em direção à axila ("sétima manobra", segundo Vodder).

7. Repetição do tratamento

- Executar **círculos fixos** entre a clavícula e a glândula mamária (região infraclavicular), trabalhando do esterno em direção aos linfonodos axilares.
- Tratamento com **círculos fixos**.

8. Espaços intercostais e linfonodos paraesternais (tratamento paraesternal, ver Fig. 8.4b)

É aplicada uma pressão variável em direção à profundidade.

9. Repetição do tratamento

De acordo com os sinais e os sintomas.

10. Deslizamento final

8 Tratamento dos linfonodos axilares e suas regiões tributárias

a)
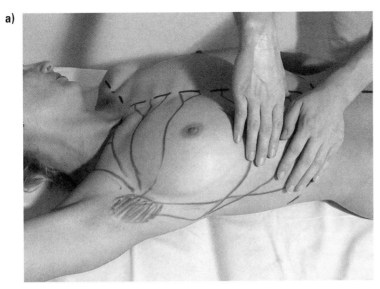

b)
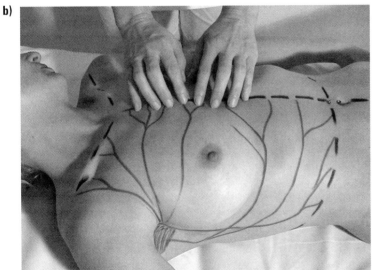

Figura 8.4 a) "Sétima manobra" junto à parede do tórax, **b)** tratamento paraesternal. [M 122]

Princípios de drenagem linfática

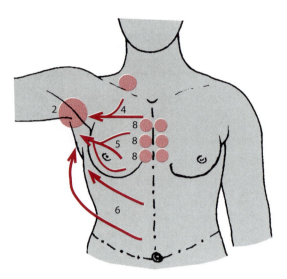

Figura 8.5 Tratamento da mama em representação esquemática (os algarismos identificam as manobras citadas no texto). [M 122]

8.3 Tratamento das costas

Tratamento da porção superior do tronco a partir da região dorsal.

Valem as contraindicações gerais.

Contraindicações

Ver item 6.3.

Indicações possíveis

- Componente do pré-tratamento do linfedema do membro superior.
- Distúrbios locais do fluxo linfático.

- Como parte do pré-tratamento do linfedema secundário unilateral do membro superior (ver item 8.1).
- Distúrbios locais do fluxo linfático após traumatismos e cirurgias.

Preparação

Posição inicial

O paciente se encontra em decúbito ventral, o terapeuta está em pé ao lado dele.

Pré-tratamento

Pescoço (regiões proximais), linfonodos axilares.

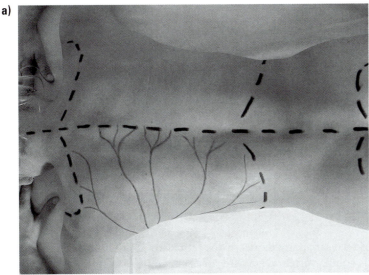

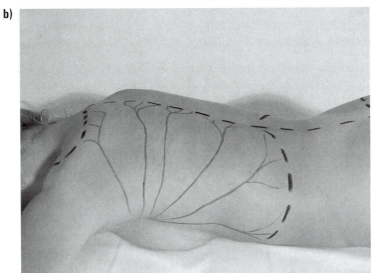

Figura 8.6a, b)   Divisores de águas linfáticos e trajeto das vias linfáticas maiores na região das costas. [M 122]

Sequência de manobras (ver Fig. 8.9)

1. Deslizamento

Executar deslizamentos partindo dos processos espinhosos em direção à axila.

2. Linfonodos axilares

Círculos fixos na axila.

Sequência para o tratamento das costas:
1. Deslizamento.
2. Linfonodos axilares.
3. Círculos fixos nas laterais do abdome.
4. Círculos fixos na altura da escápula.
5. Manobra de rotação ou círculos fixos em direção às laterais do abdome.
6. Manobra de rotação abaixo da escápula e nas laterais do abdome.
7. Tratamento intercostal e paravertebral.
8. Repetição do tratamento.

3. Círculos fixos nas laterais do abdome

- Iniciar com as duas mãos na região axilar.
- Massagear lentamente em sentido caudal até o divisor de águas linfático horizontal na altura do umbigo (ver item 1.2).
- Ao mesmo tempo, aplicar bombeamento em direção à axila.

4. Círculos fixos na altura da escápula

Com as mãos espalmadas, massagear partindo dos processos espinhosos até os linfonodos axilares.

5. Manobra de rotação ou círculos fixos em direção às laterais do abdome

Massagear alternadamente dos processos espinhosos da parte torácica da coluna vertebral em direção às laterais do abdome.

6. Manobra de rotação abaixo da escápula e nas laterais do abdome ("sétima manobra") (ver Fig. 8.7)

Massagear alternadamente em direção às laterais do abdome e, a partir dessa região, realizar **círculos fixos** até a axila ("sétima manobra", segundo Vodder).

7. Tratamento intercostal e paravertebral (ver Fig. 8.8)

Com **círculos fixos** e pressões variadas, massagear em direção à profundidade.

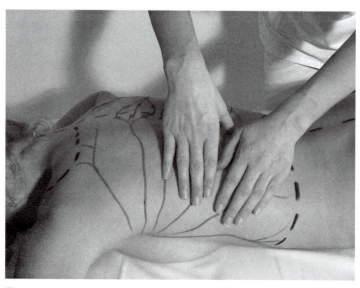

Figura 8.7 "Sétima manobra" nas costas. [M 122]

8. Repetição do tratamento

De acordo com os sinais e os sintomas.
Deslizamento final.

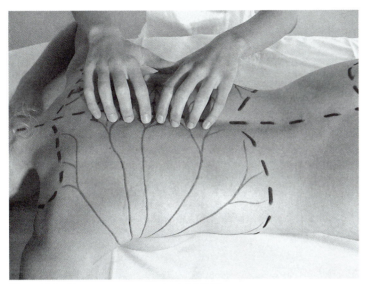

Figura 8.8   Tratamento paravertebral. [M 122]

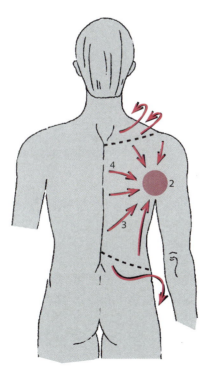

Figura 8.9   Tratamento das costas em representação esquemática (os algarismos identificam as manobras citadas no texto). [M 122]

8.4 Tratamento dos membros superiores

Valem as contraindicações gerais.

Contraindicações

Ver item 6.3.

Indicações possíveis

■ Distrofia simpática reflexa.
■ Edemas locais após traumatismos, cirurgias e paralisias.
■ Tratamento auxiliar nas doenças reumáticas (crises agudas).

■ Distrofia simpática reflexa (doença de Sudeck).
■ Edemas locais após traumatismos e cirurgias, assim como paralisias (p. ex., hemiplegia).
■ Como tratamento auxiliar das doenças reumáticas (esclerodermia, crise aguda de artrite reumatoide).

Preparação

Posição inicial

O paciente se encontra em decúbito dorsal, o terapeuta está em pé ao lado dele.

Pré-tratamento

Pescoço (regiões proximais).

Sequência de manobras (ver Fig. 8.13)

Sequência para o tratamento dos membros superiores:
1. Deslizamento.
2. Tratamento dos linfonodos axilares.
3. Círculos fixos na região medial do braço.
4. Círculos fixos sobre o músculo deltoide.
5. Regiões anterior e lateral do braço.
6. Tratamento da região do cotovelo.
7. Tratamento do antebraço.
8. Tratamento da mão a partir da região dorsal.
9. Tratamento da mão a partir da região palmar.
10. Repetição do tratamento.
11. Deslizamento final.

1. Deslizamento

Na direção do fluxo.

2. Tratamento dos linfonodos axilares (ver Fig. 8.10)

Tratamento com círculos fixos.

3. Círculos fixos na região medial do braço

Massagear com as duas mãos na região medial do braço sobre o sulco situado entre os músculos bíceps e tríceps braquiais (sulco bicipital medial).

4. Círculos fixos sobre o músculo deltoide

Exercer um bombeamento em direção à axila ("lavagem de mãos", segundo Vodder).

Figura 8.10 Tratamento dos linfonodos axilares. [M 122]

5. Regiões anterior e lateral do braço

- De maneira alternada, massagear sobre os feixes dorsomedial e dorsolateral do braço. Ao mesmo tempo, exercer um bombeamento em direção aos linfonodos axilares.
- Com uma mão, aplicar alternadamente **movimentos de bombeamento** sobre o braço e, com a outra, aplicar **círculos fixos**.
- Realizar movimentos de bombeamento alternados nas regiões anterior e lateral do braço (o chamado "bombear e empurrar", segundo Vodder).
- Eventualmente, aplicar também manobras da mão em concha no braço.

6. Tratamento da região do cotovelo

- Executar **círculos fixos** ao redor dos epicôndilos interno e externo. Ao mesmo tempo, aplicar movimentos de bombeamento em direção proximal (ver Fig. 8.11).
- Realizar círculos fixos na dobra do cotovelo (linfonodos cubitais), combinando-os com flexão e extensão passiva da articulação do cotovelo.

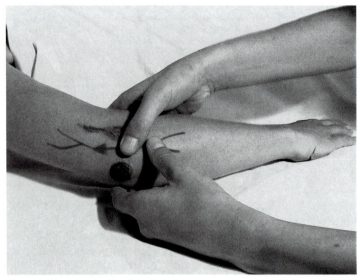

Figura 8.11 "Círculos fixos" medial e lateralmente ao epicôndilo lateral. [M 122]

7. Tratamento do antebraço

Manobras da mão em concha, **círculos fixos** e, eventualmente, manobras de bombeamento na presença de edemas muito acentuados. Executar as manobras nos lados flexor e extensor.

8. Tratamento da mão a partir da região dorsal

- Executar **círculos fixos** no dorso da mão em sentido ao dorso do punho.
- Logo em seguida, realizar **círculos fixos** sobre o dorso da mão.
- Continuar o tratamento dos dedos e do polegar com **círculos fixos**; ele é feito com o polegar posicionado de modo espalmado.

9. Tratamento da mão a partir da região palmar

Ver Figura 8.12.

! Atenção No tratamento da mão a partir da região palmar, o lado interno da mão – exceto a região média do antebraço – deve ser drenado inicialmente em direção ao dorso da mão. Só então deve ser feito o deslocamento do líquido em sentido proximal.

---

10. Repetição do tratamento

De acordo com os sinais e os sintomas.

11. Deslizamento final

8 Tratamento dos linfonodos axilares e suas regiões tributárias 71

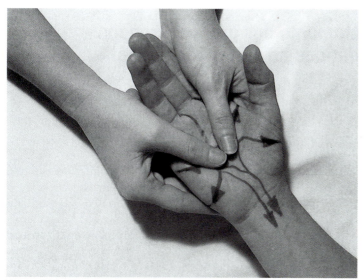

Figura 8.12 Tratamento das superfícies internas da mão. [M 122]

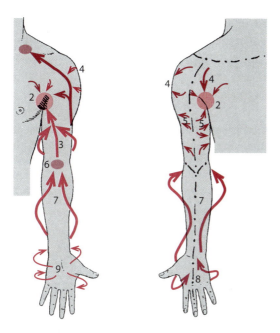

Figura 8.13 Tratamento dos membros superiores em representação esquemática (os algarismos identificam as manobras citadas no texto). [M 122]

9 Tratamento dos grandes troncos linfáticos na região abdominal

9.1 Princípios anatômicos

Grupos de linfonodos e troncos linfáticos

A linfa dos membros inferiores, dos quadrantes inferiores do tronco e da genitália externa flui para os linfonodos inguinais.

Após a passagem através do ligamento inguinal, os vasos linfáticos apresentam um trajeto paralelo ao dos grandes vasos sanguíneos. Os linfonodos estão posicionados como "pérolas de um colar" no trajeto dos vasos sanguíneos.

Os linfonodos se alternam em:

- linfonodos pélvicos (externos, internos e comuns);
- linfonodos lombares (às vezes também denominados nódulos aortocavais, uma vez que acompanham a aorta e a veia cava inferior).

Como todos os vasos linfáticos da região de captação dos linfonodos inguinais seguem esse caminho, faz sentido que na presença de qualquer inchaço, na região de captação, seja feito também um tratamento abdominal especial. Somente na presença de inchaços locais muito pequenos pode-se deixar de fazer o tratamento abdominal por motivos práticos.

! Atenção   Um tratamento direto dessas estruturas situadas no espaço retroperitonial obviamente não é viável. Por meio de manobras e técnicas especiais de respiração é possível aumentar o débito linfático desses grandes vasos linfáticos na região abdominal.

Parte prática   a) Desenhe no seu parceiro o trajeto e a posição das grandes artérias pélvicas, da aorta e da cisterna do quilo (ver item 1.1).

9.2 Tratamento profundo do abdome

Durante a inspiração e expiração ocorrem alterações na pressão dentro das cavidades abdominal e torácica. Essas alterações de pressão desempenham um papel importante no transporte da linfa dos órgãos das regiões abdominal, torácica e pélvica, mas também para o fluxo da linfa proveniente das extremidades. Na **drenagem abdominal profunda**, esse efeito é intensificado ainda mais por meio de manobras de massagem especiais e fisioterapia respiratória.

Com esse tratamento, que também dá origem a um efeito de sucção de linfa em direção ao tórax, é aumentado o débito linfático do ducto torácico e dos outros grandes troncos linfáticos no interior do corpo, de maneira que o transporte linfático dos membros inferiores é acelerado.

Contraindicações

Ver item 6.3.

Contraindicações absolutas

- Gestação.
- Durante a menstruação.
- Na presença de **epilepsia**, em decorrência do perigo de uma hiperventilação (respiração acelerada e mais profunda), capaz de desencadear as convulsões.
- No estado após uma **oclusão intestinal** (íleo).
- Diverticulite intestinal.
- **Aneurisma de aorta abdominal** ou após seu tratamento cirúrgico.
- **Alterações arterioscleróticas** significativas (geralmente no quadro de distúrbios metabólicos como diabetes melito etc.).
- Doenças intestinais inflamatórias (colite ulcerosa, doença de Crohn).
- **Aderências intestinais** acentuadas na **cavidade abdominal** decorrentes de intervenções cirúrgicas.
- Alterações na região abdominal e/ou na região abdominal inferior após **tratamento radioativo.**
- Cistite por irradiação, colite por irradiação.
- Estado após trombose pélvica profunda.

> Valem as contraindicações gerais.
>
> - Gestação.
> - Menstruação.
> - Epilepsia (evitar hiperventilação).
> - Oclusão intestinal.
> - Diverticulite.
> - Aneurisma de aorta abdominal.
> - Alterações arterioscleróticas.
> - Doenças intestinais inflamatórias.
> - Aderências.
> - Alterações após irradiação.
> - Cistite por irradiação, colite por irradiação.
> - Trombose pélvica profunda.

A drenagem abdominal profunda nunca deve provocar dores. Por isso, sua intensidade se baseia sempre na percepção do paciente.

Atenção !

Indicações possíveis

Como parte do tratamento de:

- edemas decorrentes de estases venosas (com patologia concomitante dos respectivos vasos linfáticos); nos edemas pós-operatórios e pós-traumáticos das extremidades inferiores;
- linfedemas primários e secundários dos membros inferiores e dos genitais;
- linfedemas secundários dos membros superiores, principalmente após linfadenectomia axilar bilateral ou formas combinadas;
- lipedemas (ver item 6.1);
- enteropatia linfostática (linfedema intestinal).

> - Edemas na presença de estases venosas e edemas pós-traumáticos e pós-operatórios.
> - Edemas primários e secundários do membro inferior ou dos genitais.
> - Linfedema secundário do membro superior.
> - Lipedema.
> - Enteropatia linfostática.

Preparação

Posição inicial

O paciente encontra-se deitado em decúbito dorsal, o terapeuta está em pé ao lado dele.

Princípios de drenagem linfática

Para o relaxamento da parede abdominal, é necessário que:

- a cabeceira da maca seja levantada;
- os membros inferiores sejam levantados ou posicionados em um nível mais elevado que o resto do corpo;
- os membros superiores sejam posicionados ao lado do corpo.

Região de tratamento

A região do estômago (epigástrio) é poupada por ser especialmente sensível, assim como a região da bexiga. Além disso, deve-se massagear sempre no trajeto do intestino grosso (sentido horário), a fim de evitar irritações.

! Atenção Durante o tratamento, não se deve realizar respiração acelerada (taquipneia).

Pré-tratamento

Pescoço.

Sequência de manobras (ver Fig. 9.1a)

1. Deslizamento

Sequência para o tratamento profundo do abdome:
1. Deslizamento.
2. Tratamento modificado do cólon e sétima manobra.
3. Sétima manobra.
4. Manobras intensivas coordenadas com a respiração.

- Durante a inspiração, executar deslizamento partindo do osso púbico até o esterno.
- Na fase de expiração, realizar um deslizamento sobre o arco costal e a crista ilíaca, voltando ao osso púbico.
- A seguir, executar leves deslizamentos circulares com a mão espalmada sobre o plexo celíaco e no trajeto do intestino grosso.

2. Tratamento modificado do cólon e sétima manobra

- A mão caudal é posicionada sobre a porção descendente do intestino, a mão cranial apoia o movimento de supinação da mão de trabalho ("mão sobre mão"). Ao mesmo tempo, é realizado movimento de bombeamento em direção à cisterna do quilo e em sentido cranial.
- A seguir, executar "mão sobre mão" sobre a porção ascendente do intestino grosso.
- Sobre a porção transversal do intestino grosso, é exercida uma pressão cuidadosa em direção à profundidade, com leve peso na mão.

3. Sétima manobra

Massageia-se sempre com bombeamento no sentido da cisterna do quilo.

- Com as mãos leves, aplicar uma cuidadosa pressão na profundidade, percorrendo lentamente o trajeto da porção descendente do intestino grosso.

- Da mesma maneira, seguir a porção ascendente do intestino grosso, massagear também com o polegar (ou com a lateral do dedo mínimo).
- Junto à curvatura do cólon direito, começando no trajeto da porção transversal do intestino grosso, exercer uma pressão cuidadosa em direção à profundidade.

4. Manobras intensivas coordenadas com a respiração

Essas manobras (antigamente também denominadas drenagem abdominal profunda) são executadas em cinco pontos diferentes da parede abdominal (ver Fig. 9.1). Para tal, cada manobra deve ser realizada em cada um dos pontos durante uma a três fases respiratórias.

a)
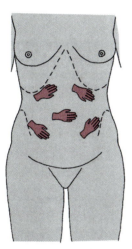

b)
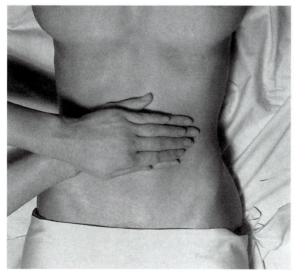

Figura 9.1 Drenagem abdominal profunda: **a)** representação esquemática, **b)** manobra "central". [M 122]

Princípios de drenagem linfática

- **Expiração:** com um movimento em espiral direcionado à cisterna do quilo, exercer uma pressão suave em direção à profundidade.
- **Inspiração:** inicialmente, exercer uma leve resistência com a mão. Durante a inspiração, diminuir a resistência e permitir o movimento respiratório.
- Deslizamento final.

9.3 Manobras substitutas para a drenagem abdominal profunda

Estas manobras substitutas são usadas quando existem contraindicações para a drenagem abdominal profunda "clássica" (ver item 9.2).

Manobras

Manobra do quadrado lombar (segundo Vodder)

Posição inicial: o paciente se encontra em decúbito ventral, o terapeuta está em pé ao lado dele.

- Com 1 ou 2 dedos, exercer uma tração entre a última costela e a crista ilíaca em direção à cisterna do quilo.

Respiração de contato

Posição inicial: o paciente se encontra em decúbito dorsal, o terapeuta está em pé ao lado dele.

- Colocas ambas as mãos sobre o abdome do paciente e deixá-lo "respirar conscientemente enchendo o abdome".
- Além disso, exercer uma leve resistência durante a fase de inspiração (**não** realizar pressão na profundidade).
- Direcionar a respiração para dentro do espaço abdominal com as "manobras de pegar".

Manobras substitutas para a drenagem abdominal profunda:
- manobra do quadrado lombar (segundo Vodder).
- Respiração de contato.

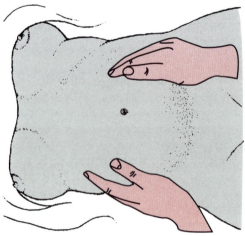

Figura 9.2   Respiração de contato. [M 122]

Tratamento dos linfonodos inguinais e suas regiões tributárias

10

10.1 Princípios anatômicos

Grupos de linfonodos e regiões (ver Fig. 10.1)

Os linfonodos inguinais são diferenciados entre profundos e superficiais. Para o tratamento, no entanto, essa diferenciação não tem grande relevância.

O mais importante é a divisão dos linfonodos inguinais em duas partes principais, que formam os **"linfonodos inguinais-T"** (ver Fig. 10.2):

- um grupo superior com trajeto paralelo ao ligamento inguinal (praticamente horizontal);
- um grupo inferior com trajeto vertical, situado na região medial do triângulo da coxa (trígono femoral medial).

Ambos os grupos se esvaziam por meio de vias linfáticas que trafegam sob o ligamento inguinal, em direção cranial para os linfonodos pélvicos.

Uma classificação exata das regiões captadoras desses dois grupos de linfonodos inguinais nem sempre é possível, uma vez que os coletores de uma região de captação também podem conduzir a linfa para vários grupos de linfonodos. Além disso, os linfonodos estão interligados por uma rede de vasos linfáticos. Por esse motivo, sempre é necessário um tratamento abrangente dos grupos de linfonodos.

Atenção **!**

Os **linfonodos da fossa poplítea** se esvaziam por meio de vias linfáticas intrafasciais que acompanham os vasos femorais, e se dirigem para os linfonodos inguinais profundos. Os linfonodos inguinais superficiais, ao contrário dos linfonodos poplíteos, podem ser palpados.

Vias linfáticas

No membro inferior, pode-se diferenciar também um sistema vascular linfático superficial e um profundo: as vias linfáticas profundas apresentam um trajeto praticamente paralelo ao trajeto dos feixes vasculonervosos; as vias linfáticas superficiais são praticamente paralelas às grandes veias extrafasciais do membro inferior, ou seja, da veia safena magna (feixe vascular linfático ventromedial) e da veia safena parva (feixe vascular linfático dorsolateral).

O feixe ventromedial se origina no dorso do pé e ascende até o nódulo inguinal. A formação de um feixe pelos vasos linfáticos junto à região medial do joelho (o chamado gargalo) tem importância prática.

Princípios de drenagem linfática

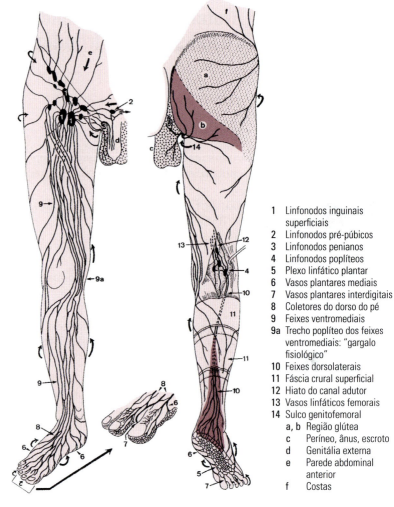

Figura 10.1 Trajeto dos vasos linfáticos superficiais dos membros inferiores e linfonodos correspondentes. [M 124]

O feixe dorsolateral se origina na borda lateral do pé e se dirige para os linfonodos da fossa poplítea.

Os vasos linfáticos da região dos glúteos e da região lombar se dirigem para os linfonodos inguinais: os vasos da região medial dos glúteos, assim como os da região perineal (região medial da coxa) trafegam para a região inguinal "pela região do cavalo" (entre as pernas); os vasos da região dorsolateral da coxa se dirigem aos linfonodos inguinais laterais pelas laterais do abdome.

O conhecimento do trajeto do vaso linfático ajuda a economizar tempo:

Tratamento

- Para um edema na região da perna, por exemplo, não é preciso tratar a região da lateral do abdome ou da parede abdominal.
- Na presença de um edema isolado no pé depois de uma "torcida" do tornozelo (o chamado traumatismo de inversão), o tratamento das regiões dorsomedial e dorsolateral da coxa é desnecessário.

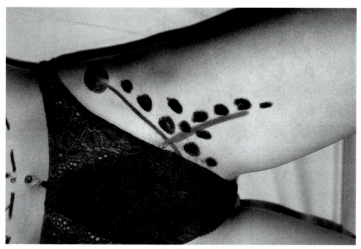

Figura 10.2 Região inguinal: representação dos linfonodos, do ligamento inguinal e da artéria femoral. [M 122]

a) Desenhe no seu parceiro os linfonodos inguinais e poplíteos, assim como o trajeto dos coletores e divisores de águas correspondentes.

Parte prática

b) Para os quadros clínicos a seguir, pense sobre quais regiões devem ser tratadas e quais podem ser poupadas:
- traumatismo de inversão do tornozelo com edema local acentuado na borda lateral do pé;
- edema pós-cirúrgico da região do joelho após reconstrução de ligamento cruzado;
- edema da perna e do pé na presença de insuficiência venosa-linfática crônica.

10.2 Tratamento dos linfonodos inguinais

Contraindicações

Ver item 6.3.

Valem as contraindicações gerais.

Indicações possíveis

- Parte componente de um tratamento da parede abdominal (ver item 10.2) e/ou tratamento dos membros inferiores.
- Distúrbios locais do fluxo linfático após ferimentos ou traumatismos.

- Parte componente do tratamento da parede abdominal.
- Distúrbios locais do fluxo linfático.

Preparação

Região de tratamento

Inicialmente procura-se pela artéria femoral para servir de estrutura--guia. A pulsação na região do ligamento inguinal serve como "auxílio de orientação" para a direção do bombeamento durante o tratamento dos linfonodos inguinais, uma vez que grande parte dos vasos linfáticos eferentes passa juntamente com a artéria femoral na lacuna vascular, sob o ligamento inguinal.

Posição inicial

O paciente está deitado em decúbito dorsal, o terapeuta está em pé ao lado dele.

> **! Atenção**
>
> Durante o tratamento dos linfonodos inguinais sempre se massageia com movimentos de bombeamento em direção à lacuna vascular.

Sequência de manobras

Sequência para o tratamento dos linfonodos inguinais:
1. A partir da região lateral.
2. A partir da região medial.
3. A partir da região ventromedial.

1. A partir da região lateral

Executar **círculos fixos** com as mãos espalmadas.

As mãos estão posicionadas paralelamente aos eixos longitudinais dos membros inferiores; as polpas digitais se encontram aproximadamente sobre o ligamento inguinal.

2. A partir da região medial

Executar **círculos fixos** com as mãos espalmadas.

A coxa é posicionada levemente em adução e rotação lateral para possibilitar uma massagem ampla nas regiões mediais das pernas. As mãos estão paralelas ao eixo longitudinal dos membros inferiores; as polpas digitais se encontram aproximadamente sobre o ligamento inguinal.

3. A partir da região ventromedial (ver Fig. 10.3)

Executar **círculos fixos**.

Ambas as mãos encontram-se praticamente paralelas ao ligamento inguinal, espalmadas sobre o trígono femoral. Dessa forma, também é possível atingir o feixe vascular linfático ventromedial.

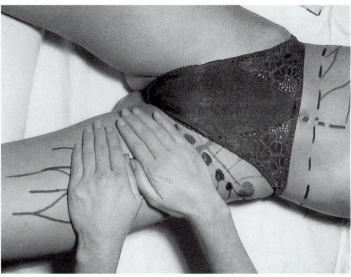

Figura 10.3 Círculos fixos ventromediais na região dos linfonodos inguinais.
[M 122]

10.3 Tratamento da parede abdominal

Tratamento da parte inferior do tronco a partir da região ventral.

Contraindicações

Ver item 6.3.

Valem as contraindicações gerais.

Indicações possíveis

- Parte componente do tratamento de linfedemas unilaterais dos membros inferiores (pré-tratamento do lado contralateral sadio).
- Distúrbios locais do fluxo linfático após ferimentos ou traumatismos.

- Parte componente do tratamento do linfedemas unilaterais dos membros inferiores.
- Distúrbios locais do fluxo linfático.

Preparação

Posição inicial

O paciente se encontra em decúbito dorsal, o terapeuta fica em pé ao lado dele.

Pré-tratamento

Pescoço (regiões proximais), drenagem abdominal profunda, linfonodos inguinais.

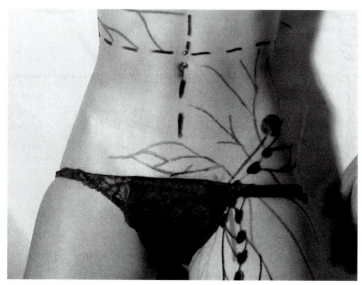

Figura 10.4 Representação esquemática dos vasos linfáticos da parede abdominal, dos divisores de águas linfáticos, dos linfonodos inguinais, do ligamento inguinal e da artéria femoral. [M 122]

Sequência de manobras

Círculos fixos sobre a parede abdominal

- Executar com as mãos espalmadas.
- Tratar com diversas abordagens, tendo em vista o trajeto em formato de estrela dos vasos linfáticos superficiais.
- Executar movimentos de bombeamento em direção à lacuna vascular.

10.4 Tratamento das regiões inferior do tronco e inguinal – segmentos anterior e posterior

Região de tratamento

A porção dorsal da região inferior do tronco, assim como as porções do glúteo das regiões dorsomediais e dorsolaterais da coxa sempre devem ser tratadas quando a massagem das regiões inferior do tronco e inguinal – segmentos anterior e posterior for indicada.

Contraindicações

Ver item 6.3.

Indicações possíveis

- Lipedemas (ver item 6.1).
- Parte componente do tratamento de linfedemas unilaterais dos membros inferiores.
- Edemas locais, por exemplo, pós-traumáticos.

Marginal notes:
- Tratamento da parede abdominal: círculos fixos sobre a parede abdominal.
- Valem as contraindicações gerais.
- Lipedemas (ver item 6.1).
- Parte componente do tratamento de linfedemas unilaterais dos membros inferiores.
- Edemas locais.

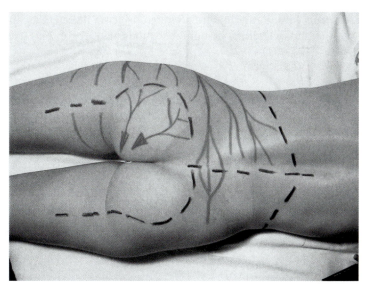

Figura 10.5 Vasos linfáticos e divisores de águas nas regiões inferior do tronco e inguinal – segmentos anterior e posterior, em representação esquemática. [M 122]

Preparação

Posição inicial

O paciente se encontra em decúbito ventral, o terapeuta está em pé ao lado dele.

Pré-tratamento

Pescoço (regiões proximais), drenagem abdominal profunda, linfonodos inguinais.

Sequência de manobras

1. Deslizamento

Realizar deslizamento do sacro até a região lateral do abdome.

2. Círculos fixos na região lateral do abdome

Massagear com bombeamento em direção à lateral do abdome.

3. Manobra de rotação em direção à lateral do abdome

- Massagear alternando os processos espinhosos da parte lombar da coluna vertebral e a região lateral do abdome (parte da região inferior do tronco).

Sequência para o tratamento das regiões inferior do tronco e inguinal – segmentos anterior e inferior:
1. Deslizamento.
2. Círculos fixos na região lateral do abdome.

Princípios de drenagem linfática

3. Manobra de rotação em direção à lateral do abdome.
4. Círculos fixos em três vias.
5. Região medial da coxa.
6. Repetição do tratamento.
7. Tratamento paravertebral.
8. Deslizamento final.

- Prosseguir com bombeamento ao longo da crista ilíaca até os linfonodos inguinais ("sétima manobra", segundo Vodder; ver Fig. 10.6).

4. Círculos fixos em três vias

Círculos fixos em três vias com diversas abordagens (porção da região lateral dos glúteos ao "divisor de águas dos fundilhos – regiões perineal, genital e anal", segundo Vodder); o bombeamento prossegue até os linfonodos inguinais.

5. Região medial da coxa

Tratamento da porção medial dos glúteos ao "divisor de águas dos fundilhos"; realizar bombeamento até a porção medial dos linfonodos inguinais (ver Fig. 10.7).

6. Repetição do tratamento

De acordo com os sinais e os sintomas.

7. Tratamento paravertebral

Executar **círculos fixos** com pressão variável na profundidade.

8. Deslizamento final

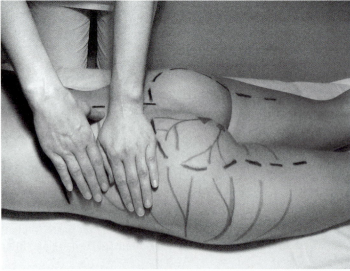

Figura 10.6 "Sétima manobra" nas regiões inferior do tronco e inguinal – segmentos anterior e inferior. [M 122]

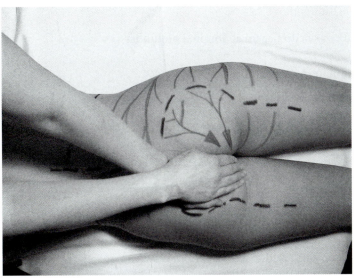

Figura 10.7 Tratamento da região medial dos glúteos com bombeamento "em direção à região medial da perna". [M 122]

10.5 Tratamento dos membros inferiores

Contraindicações

Ver item 6.3.

Valem as contraindicações gerais.

Contraindicações absolutas

- Nas doenças venosas agudas dos membros inferiores, o tratamento é contraindicado.
- No caso de doenças fúngicas na região do pé, o paciente deve ser submetido inicialmente a um tratamento específico.

- Doenças venosas agudas dos membros inferiores.
- Doenças fúngicas.

Indicações possíveis

- Edemas traumáticos na região do pé, frequentes, por exemplo, após traumatismos de inversão ou supinação ("torções") na região do tornozelo.
- Edemas após ferimentos ou cirurgias na região do joelho.
- Edemas nas estases venosas crônicas.
- Edemas na presença de paralisias.

- Edemas traumáticos na região do pé.
- Edemas associados a estases venosas crônicas.

Preparação

Posição inicial

O paciente encontra-se em decúbito dorsal, o terapeuta está em pé ao lado dele.

Princípios de drenagem linfática

Pré-tratamento

Pescoço, drenagem abdominal profunda.

Sequência de manobras (ver Fig. 10.12)

1. Deslizamento

Na direção do fluxo.

2. Tratamento dos linfonodos inguinais

Tratamento em três abordagens.

3. Tratamento da coxa

- Executar **círculos fixos** alternados sobre a coxa e sobre o feixe ventromedial (ver Fig. 10.8).
- Realizar alternadamente **manobras de bombeamento** ventrais e ventromediais.
- Executar **manobras de bombeamento** e **círculos fixos** ("bombear e empurrar", segundo Vodder) nas regiões anterior e lateral da coxa.
- Sempre massagear com bombeamento em direção aos linfonodos inguinais.

Sequência para o tratamento dos membros inferiores:
1. Deslizamento.
2. Tratamento dos linfonodos inguinais.
3. Tratamento da coxa.
4. Tratamento do joelho.
5. Tratamento da perna.
6. Tratamento do pé.
7. Repetição do tratamento.
8. Deslizamento final.

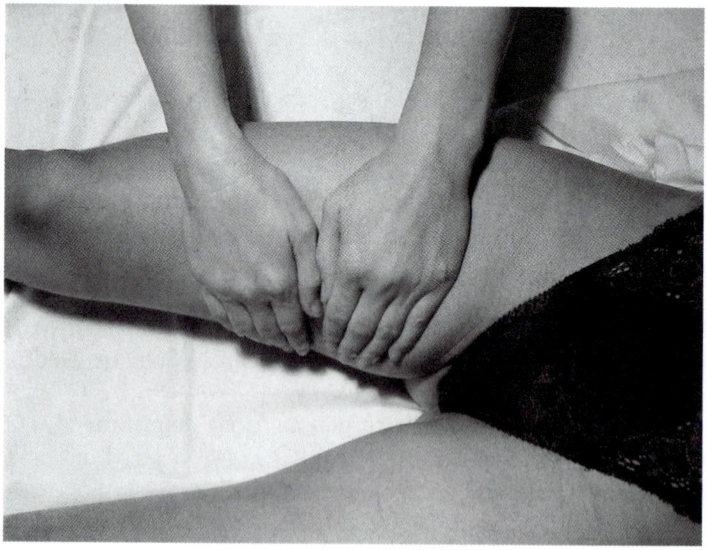

Figura 10.8 Círculos fixos na região medial da coxa. [M 122]

4. Tratamento do joelho

- Executar **manobras de bombeamento** sobre a patela.
- Tratar os linfonodos poplíteos com **círculos fixos** (ver Fig. 10.9).
- Executar círculos fixos no joelho em posição medial.
- Executar círculos fixos abaixo da pata de ganso.

5. Tratamento da perna

- Com a perna flexionada, executar **manobras da mão em concha**. Se a perna não puder ser flexionada, também podem ser realizados **círculos fixos**.
- Executar **manobras da mão em concha** na panturrilha com uma das mãos; com a outra mão, realizar **movimentos de bombeamento** sobre o músculo tibial anterior (ver Fig. 10.10).
- Realizar **círculos fixos** abaixo dos maléolos e ao longo do tendão do calcâneo (ver Fig. 10.11).

6. Tratamento do pé

- **Círculos fixos** na região das fossas maleolares.
- Círculos fixos na região dorsal da articulação superior do tornozelo ("gargalo maleolar", segundo Kubik); também podem ser combinados com movimentos passivos.

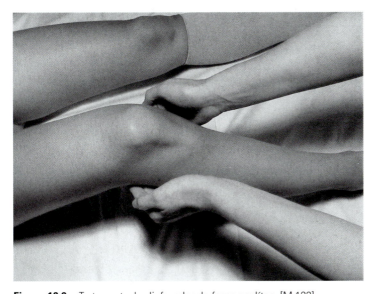

Figura 10.9 Tratamento dos linfonodos da fossa poplítea. [M 122]

Princípios de drenagem linfática

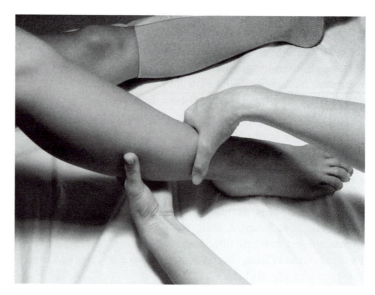

Figura 10.10 Combinação da manobra de bombeamento sobre a tíbia e a manobra da mão em concha sobre a panturrilha. [M 122]

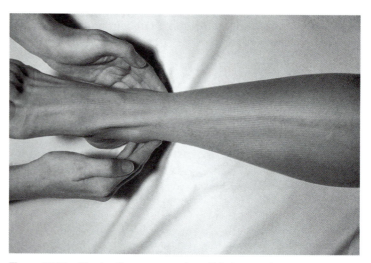

Figura 10.11 Círculos fixos com as polpas digitais na região das fossas retromaleolares. [M 122]

- Círculos fixos sobre o dorso do pé.
- Tratamento dos dedos do pé: círculos fixos realizados com as polpas digitais.
- **Manobras para redução de edema** (ver item 6.1) no antepé. O antepé é envolvido como um bracelete e o edema é empurrado lentamente em direção proximal ("lago linfático", segundo Vodder).

7. Repetição do tratamento

De acordo com os sinais e os sintomas.

8. Deslizamento final

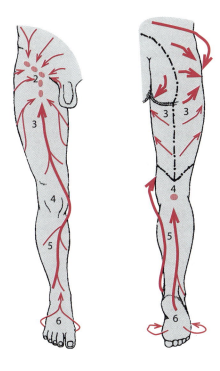

Figura 10.12 Tratamento dos membros inferiores em representação esquemática (os algarismos indicam as manobras citadas no texto). [M 122]

11 Fisioterapia complexa de drenagem (FCD)

11.1 Aspectos gerais

Componentes da FCD:
- *DLM;*
- *terapia de compressão;*
- *cuidados com a pele;*
- *exercícios físicos;*
- *eventualmente, fisioterapia.*

A drenagem linfática manual é somente um componente do **conceito de tratamento em 2 fases** da FCD. Uma drenagem linfática manual isolada não é apropriada para o tratamento de um linfedema. Igualmente importantes são:

- uma terapia de compressão complementar (modo de ação, ver item 11.2);
- medidas de cuidados com a pele;
- exercícios de movimento para reduzir edemas;
- eventualmente, tratamento fisioterapêutico adicional (ver a seguir).

Fase I: DLM e troca das bandagens compressivas diárias.

Durante a **fase I** – intensiva, o tratamento e a aplicação de novas bandagens compressivas são realizadas diariamente. Nas formas avançadas de linfedema, essa fase frequentemente é realizada com o paciente internado. Durante a fase I, os pacientes também aprendem a aplicar suas próprias bandagens, uma parte importante das medidas de autocuidado da fase II. A capacidade de aplicar suas próprias bandagens torna os pacientes independentes e estimula suas responsabilidades individuais.

A colocação de uma bandagem compressiva linfológica é ensinada em cursos intensivos com duração de 4 semanas*. Neste livro será abordado somente o modo de ação do tratamento de compressão.

Fase II: DLM 1 a 2 vezes/semana, meias de compressão feitas sob medida.

Na **fase II**, a compressão é feita com meias de compressão confeccionadas sob medida (se necessário, com bandagens adicionais), para manter o resultado da primeira fase da terapia e, eventualmente, para melhorá-lo. Nessa fase, a DLM geralmente só precisa ser realizada uma a duas vezes por semana. O autocuidado regular também é um componente positivo no conceito de tratamento.

11.2 Modo de ação da terapia de compressão

Redução da pressão ultrafiltrante efetiva

A pressão de compressão aumenta a pressão tissular. Um distúrbio do equilíbrio do mecanismo de Starling é influenciado favoravelmente, uma vez que a pressão ultrafiltrante efetiva cai e, com isso, ocorre redução da quantidade de ultrafiltrado (ver Fig. 11.1).

---

* N.R.C.: Esses cursos são oferecidos somente na Alemanha.

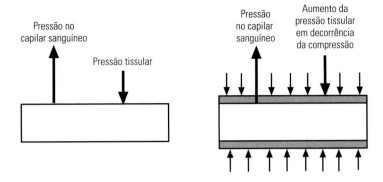

Pressão ultrafiltrante efetiva = pressão no capilar sanguíneo − pressão tissular

Figura 11.1 Efeitos da pressão das bandagens sobre a pressão ultrafiltrante efetiva. [M 122]

Aceleração e aumento do fluxo venoso-linfático

O estreitamento do lúmen vascular leva a uma aceleração do fluxo. Uma bandagem compressiva isolada, sem qualquer movimento adicional, aumenta a velocidade do fluxo venoso em 1,5 vez, um efeito importante principalmente para a profilaxia da trombose. O débito linfático também aumenta com a compressão.

O lúmen de trechos venosos dilatados com válvulas insuficientes é estreitado e, com isso, as válvulas voltam a ser parcialmente suficientes (esse mecanismo também pode ser imaginado para vasos linfáticos dilatados, porém, até o momento, não foi possível comprová-lo) (ver Fig. 11.2).

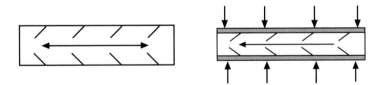

Figura 11.2 Redução do diâmetro vascular sob compressão. [M 122]

Melhora da função das bombas musculares

Depois que o edema é removido, a pele fica flácida porque perdeu sua força elástica de recomposição. Por isso, é natural que a distensibilidade diminua. Somente com as bandagens compressivas (ou meias de compressão), a bomba muscular volta a ter a resistência necessária, levando a um aumento da eficácia do trabalho muscular que favorece o fluxo de retorno.

Com a "sístole muscular da panturrilha", e sob compressão, ocorre um aumento da "fração de ejeção" e, consequentemente, uma redução do "*pooling* venoso". A queda correspondente de pressão durante a "diástole muscular" se torna maior, a pressão nas veias da panturrilha pode até mesmo se tornar negativa. Como a pressão é mais alta nas veias superficiais (epifasciais), o sangue é sugado para a profundidade por meio das veias perfurantes, e a pressão em todo o sistema venoso cai.

O transporte ativo da linfa nos coletores (motricidade dos vasos linfáticos) também é positivamente influenciado.

Conservação do sucesso do tratamento

O líquido deslocado por meio da DLM ou por armazenamento é impedido de retornar. Portanto, a bandagem conserva o sucesso do tratamento.

Aumento da área de reabsorção

Principalmente no tratamento de pequenos distúrbios locais do fluxo linfático (p. ex., edemas pós-traumáticos, hematomas), o edema é distribuído por meio da compressão e, com isso, ocorre um aumento da área de reabsorção.

Relaxamento do tecido com alterações fibróticas

Por meio do uso de placas de espuma de borracha com bandagens compressivas, pode-se promover um relaxamento das fibroses tissulares condicionadas pela estase linfática (fibroses linfostáticas).

11.3 Levantamento de sinais e sintomas

A verificação de sinais e sintomas consiste na anamnese, inspeção, palpação, e é importante:

- para o estabelecimento focado de uma relação e para criar uma base de confiança entre terapeuta e paciente;
- para a coleta e a classificação de dados importantes;
- ao processamento intelectual e à composição das informações obtidas, que formam um quadro global. Este passa, então, a ser a base para a formulação da meta terapêutica e para a avaliação dos resultados do tratamento.

Logo, a verificação de sinais e sintomas determina o planejamento terapêutico e a intervenção correta. Os quadros clínicos tratados por meio de FCD estão muitas vezes associados com doenças muito graves do âmbito da clínica médica. Assim, por exemplo, o linfedema muitas vezes é a consequência de um tratamento de câncer.

Como os terapeutas geralmente tratam de pacientes cronicamente doentes por um período de tempo maior, deveriam conhecer os sinais de uma insuficiência cardíaca, por exemplo, ou de uma inflamação aguda ou até mesmo indicações de uma recidiva de câncer, para eventualmente alertarem os médicos.

11 Fisioterapia complexa de drenagem (FCD)

A isso também se soma o fato de que durante a formação médica não é possível ensinar a evolução completa de um tratamento de drenagem linfática manual. Por isso, o médico que faz o encaminhamento, em geral, não está informado sobre o fato de que o tratamento de um membro inferior, por exemplo, envolve também o tratamento do abdome ou do pescoço e quais contraindicações devem ser consideradas.

O questionário de verificação de sinais e sintomas a seguir (ver Fig. 11.3) demonstrou ser útil no dia a dia – mas não se trata de um questionário completo (a verificação detalhada de sinais e sintomas também é parte integrante da grade curricular dos cursos especializados com duração de 4 semanas*).

Certamente, esse questionário é útil para avaliar pacientes com linfedema durante um estágio prático. Os resultados devem ser discutidos posteriormente com o responsável pela clínica e/ou com o médico assistente.

Neste livro, indicações gerais para a verificação de sinais e sintomas (p. ex., palpar somente com mãos aquecidas, durante a inspeção o paciente deve estar totalmente despido, se possível etc.) não serão citadas. Consideraremos que essas indicações gerais sejam conhecidas por todos.

Questionário de verificação de sinais e sintomas para DLM/FCD

Nome:
Diagnóstico: Prescrição:
Registrado por: Data:

Anamnese relacionada ao edema

Qual foi a **cirurgia** realizada? Quando e por quê?

Radioterapia?   Sim ❏   Não ❏

Tratamentos posteriores?

Quando e onde o **edema** apareceu pela primeira vez? Fator desencadeante? Erisipela? Recidivante?

Desenvolvimento e tratamento do edema até o momento atual?

O que **atualmente** é a maior causa de **queixas** e quais são as características dessas queixas?

Subjetivamente: qual a percepção do paciente em relação ao edema?

---

* N.R.C.: No Brasil, a verificação de sinais e sintomas faz parte da grade curricular dos cursos de graduação em fisioterapia.

Sinais e sintomas relacionados ao edema (ver também Ficha com esquema corporal)
Alterações da pele? Consistência do edema – é possível a formação de depressões? Fibrose linfostática?

"Sinal de Stemmer"? Somente edema distal em relação ao joelho/cotovelo? Acentuação central? Teste da prega cutânea nos quadrantes do tronco? ❏ Linfedema "puro" ❏ Forma combinada (varicose, lipedema, síndrome edematosa cíclica – idiopática etc.)

Complicações (cicatrizes, refluxo, cistos ou fístulas linfáticas, lesões cutâneas, micoses, eczemas, alterações ungueais, sinais inflamatórios, ulcerações etc.)?

Existem **lesões decorrentes de irradiação** visíveis ou palpáveis? Sim ❏ Não ❏

Há indicações da presença de processos malignos? Veias colaterais? Nódulos suspeitos (linfonodos) palpáveis? Segmento pescoço-acrômio? Fossa supraclavicular elevada? Dores, distúrbios de sensibilidade? Paresia/paralisia? Alterações cutâneas? Alterações da coloração?

Visão geral – anormalidades na região

Cabeça e pescoço? Sim ❏ Não ❏
Tórax e costas? Sim ❏ Não ❏
Glândula mamária? Sim ❏ Não ❏
Abdome? Sim ❏ Não ❏

Faz tratamento para **outra doença**? Está tomando algum remédio? Em mulheres: breve anamnese menstrual

11 Fisioterapia complexa de drenagem (FCD)

Sinais e sintomas ("Ficha com esquema corporal") e estruturação do tratamento

Evolução do edema (medidas do diâmetro)

	Distância (cm)	Data (esquerdo)	Data (direito)	Data (esquerdo)	Data (direito)	Data (esquerdo)	Data (direito)	Data (esquerdo)	Data (direito)
Ponto 1 (mão, pé)	(metade da distância entre o hálux e o dedo médio)								
Ponto 2 (tornozelo, punho)	(metade da distância entre o calcanhar e o dedo médio)								
Ponto 3 (local mais grosso da perna/antebraço)	(metade da distância entre o calcanhar e o dedo médio)								
Ponto 4 (local mais grosso da perna/antebraço)	(metade da distância entre o calcanhar e o dedo médio)								
Peso									
Horário									

Sinais e sintomas funcionais

Amplitude de movimento nas articulações afetadas (ativa e passiva)

Padrão de movimento/posturas de defesa/movimentos de esquiva/tônus muscular

"Atividades diárias": o que é possível, o que não é possível? Por que não é possível? O que é problemático? Déficits funcionais? Deficiência de força a ser tratada?

Planejamento terapêutico

É necessário **tratar inicialmente a dor?**   Sim ❑   Não ❑

É necessária uma **fase** descompressiva ou conservadora? Grau de gravidade do edema? Qual é o "estado" das meias de compressão?

O paciente é capaz de proceder à **autobandagem?**   Sim ❑   Não ❑
É possível uma **drenagem linfática manual executada pelo próprio paciente?**   Sim ❑   Não ❑

O paciente conhece **folhetos com informações** sobre edema?   Sim ❑   Não ❑

Outros alvos terapêuticos (déficit de força, limitações de movimentos etc.)?

É necessário **consultar** o médico do paciente?   Sim ❑   Não ❑

Definição do alvo terapêutico

Esclarecer os alvos terapêuticos com o paciente, defini-los por escrito e revê-los no final do tratamento. Assinatura e data.

Figura 11.3   Questionário de verificação de sinais e sintomas para DLM/FCD. [M 122]

11.4 Outras medidas da fisioterapia no âmbito da FCD

Aplicações de calor

A hiperemia leva a um aumento das cargas de transporte linfático obrigatório. Por esse motivo, as aplicações de calor como lama medicinal, compressas de lama etc., na região edemaciada, são contraindicadas (a elas se juntam também os quadrantes correspondentes do tronco). Além disso, com temperaturas acima de 41°C, o débito linfático diminui.

Nossa experiência mostra que aplicações locais de calor em locais situados fora da região edemaciada não levam a uma piora do quadro. Por exemplo, num paciente com um linfedema secundário do membro superior, após remoção dos linfonodos axilares, a aplicação de calor é contraindicada na parte torácica da coluna vertebral ou na extremidade edemaciada. Para queixas na parte lombar da coluna vertebral, não haveria contraindicação a uma aplicação local.

Também estão contraindicadas aplicações de corpo inteiro, como sauna, banhos de imersão em água quente, banhos termais etc.

Resfriamento

A crioterapia é um recurso constante da fisioterapia esportiva. Porém, entre o resfriamento e outra intervenção terapêutica sempre deve existir uma pausa de aproximadamente 20 minutos. Para o tratamento de linfedemas das extremidades, as aplicações de resfriamento não são indicadas, pois o frio pode levar a uma redução da motricidade dos vasos linfáticos.

Quando indicado (p. ex., na distrofia simpática reflexa), um resfriamento leve também pode ser obtido por meio de uma compressa fria.

Hidroterapia por imersão

Medidas hidroterapêuticas mostraram ser eficazes principalmente no tratamento de doenças venosas dos membros inferiores, mas não têm indicação absoluta para o tratamento de linfedemas das extremidades. Medidas favoráveis são natação (em funçâo da ação da pressão hidrostática e dos movimentos) ou hidroginástica na temperatura entre 22 e 30°C, no máximo.

Eletroterapia

Em razão da hiperemia acentuada e do aumento associado das cargas de transporte linfático obrigatório, as aplicações de corrente contínua e o banho de Stanger são contraindicados.

No entanto, a aplicação de ultrassom, corrente interferencial ou estimulação elétrica nervosa transcutânea (TENS, sigla em inglês) podem ser usadas.

Massagem

A "massagem clássica" e a massagem do tecido conjuntivo na região edemaciada são contraindicadas, inclusive nos quadrantes do tronco correspondentes.

Por sua vez, com indicação adequada, a terapia de Marnitz mostrou ser eficaz.

Fisioterapia específica

Limitações de movimento e/ou fraquezas musculares sempre devem ser tratadas na presença de doenças vasculares linfáticas ou venosas, para que em uma fisioterapia facilitadora de drenagem, todas as cadeias musculares e as articulações participantes possam ser exercitadas de maneira ideal.

Cinesioterapia em imersão

Movimento é um componente essencial da FCD, uma vez que a bomba muscular leva a um estímulo do transporte linfático.

Nesse caso, a temperatura da água desempenha um papel importante. Em muitos casos, as piscinas têm, geralmente, a temperatura da água relativamente alta, maior que 32°C, pois isso é favorável para os pacientes com doenças do aparelho locomotor. Foi possível demonstrar que em temperaturas até 32°C praticamente não ocorrem "distorções" com piora do edema, mas, em temperaturas mais altas, isso quase sempre ocorre. Portanto, aplicações com água quente como banhos termais devem ser evitadas.

Outras medidas

O **ultrassom** leva a uma hiperemia muito discreta e, por isso, não está contraindicado no linfedema. Em razão de seu "efeito de micromassagem", ele eventualmente é apropriado para o tratamento coadjuvante de fibroses, sendo, no mínimo, inofensivo.

Uma referência especial deve ser feita sobre o **Hivamat**, um método desenvolvido por dois fisioterapeutas da Baviera (no sul da Alemanha), no qual é produzido um campo eletrostático intermitente. Paciente e terapeuta estão ligados por um circuito elétrico, mas eletricamente isolados um do outro por meio de uma luva isolante. É possível selecionar diversas frequências (na variação de baixa frequência) que, entre outras coisas, deverão influenciar positivamente a motricidade dos vasos linfáticos.

Até o momento, não foi comprovado seu efeito e somente houve a publicação de experiências realizadas, de modo que uma avaliação definitiva ainda não foi possível. Isso também é válido para o chamado *Lymph Taping*.

Índice remissivo

A

Ângulo venoso, 6
  direito, 6
  esquerdo, 6

B

Bypass, 9

C

Canais pré-linfáticos, 3, 10, 38, 42
Capacidade de transporte, 34
Capilares linfáticos, 3
  diâmetro, 3
Carga hídrica, 20
  de transporte linfático
    obrigatório, 11, 20
Células musculares, 3
Círculo fixo, 40
Cisterna do quilo, 5
Coletores, 2, 4, 10
  estrutura, 4
  profundos, 4
  superficiais, 4
  viscerais, 4
Concentração
  equilíbrio, 15
  gradiente, 15
Contraindicações
  absolutas, 44
  especiais, 44
  gerais, 44
  relativas, 44

D

Débito linfático ou volume
   linfático por unidade de
   tempo, 30
  sob massagem, 38
Difusão, 15

dificultada, 15
Distrofia simpática reflexa, 68
Divisor de águas
  linfático, 10, 52
Doença de Sudeck, 68
Drenagem linfática manual
   (DLM), 1
  contraindicações, 44
  execução, 42
  formação, 45
  indicações, 44
  intensidade, 43
  manobras, 40
  objetivos, 1
  pré-tratamento, 42
Ducto linfático direito, 6
Ducto torácico, 5, 6
  diâmetro, 5
  trechos, 5

E

Edema(s)
  cardíaco, 44
  maligno, 45
  primários, 45
  secundários, 45
Efeito de bomba de água, 49
Escamas móveis, 25

F

Fase de relaxamento, 40
Filamentos de ancoragem, 25, 43
Fisioterapia complexa de
   drenagem (FCD), 1, 90
  objetivos, 1
Formação da linfa
  sob massagem, 38

H

Hilo, 8

Hiperemia
  passiva, 37

I

Inflamação
  na cavidade bucal, 57
  na região do rosto, 54
Insuficiência
  hemodinâmica, 37
  de baixo volume, 35
Insuficiência cardíaca, 44
Insuficiência cardíaca direita, 37

L

Linfa
  aferente, 31
  eferente, 31
Linfangion, 4, 29
  motricidade do linfangion, 29
  sob massagem, 38
Linfonodos, 2, 7, 31
  aumentados de tamanho, 9
  coletores, 8
  denominação, 7
  dolorosos, 9
  estrutura, 7
  função, 7
  palpáveis, 7
  posição, 7
  regionais, 9
Lipedema, 41
Líquido intersticial, 15
Líquido tissular, 15
Longa viagem, 55

M

Macrófagos, 31
Manobra da parótida, 50
Manobra da mão em concha, 40
Manobra de bombeamento, 40

Manobra de rotação, 40
Manobra do quadrado lombar, 76
Manobras básicas, 40
Manobras para redução de
edema, 41
Mecanismo de arejamento, 49
Mecanismo de Frank-Starling, 38
Metástases, 9
Molécula de proteína, 17
circulação, 24
função de veículo, 23
saída, 23
transporte retrógrado, 23

O

Osmose, 16
coloidosmose, 17

P

Permeável, 15
Pré-coletores, 2, 3
Pré-tratamento
proximal, 42
Pressão coloidosmótica, 17
Pressão osmótica, 16
Pressão no capilar sanguíneo, 37

Q

Quadrantes do tronco, 5, 10
Quilo, 5

R

Reabsorção
no nódulo linfático, 31

Regiões linfáticas, 8
Região tributária, 8
Resistência ao fluxo, 42
Respiração de contato, 76

S

Semicirculação, 1
Semipermeável, 16
Sistema vascular linfático
anatomia, 1
capacidade de transporte, 31
função, 1, 24

T

Terapia de compressão, 90
efeitos, 91
Transporte de linfa
sob massagem, 38
Tratamento
abdome, 72
costas, 64
mão, 70
membros inferiores, 85
membros superiores, 68
nuca, 52
parede abdominal, 81
pescoço, 48
região do ombro, 48
região inguinal, 82
região interna da boca, 57
região posterior da cabeça,
52
rosto, 54
mama, 60
Tratamento profundo do
abdome, 72

Tratamento na região de
terminus, 49
Tratamento paravertebral, 84
Triângulo nucal, 50, 53
Troca de líquidos, 15
Tronco gastrintestinal, 5
Tronco broncomediastinal, 5
Tronco jugular, 5
Tronco linfático, 2, 5
Tronco lombar direito, 5
Tronco lombar esquerdo, 5
Tronco subclávio, 5

U

Ultrafiltração, 17
capilares sanguíneos, 18
Ultrafiltrado bruto, 20
Ultrafiltrado líquido, 20

V

Válvulas, 3, 4
Varizes, 41
Vasos linfáticos
aferentes, 8
eferentes, 8
iniciais. *Ver* Capilares
linfáticos, 3
Vasos perfurantes, 4